世界名人非常之路

★★★★★★★★

SHI JIE MING REN
FEI CHANG ZHI LU

托尔斯泰

刘亚超◎编著

中国社会出版社

国家一级出版社 ★ 全国百佳图书出版单位

《世界名人非常之路》编委会

托尔斯泰

著名学者培根说："用伟大人物的事迹激励我们每个人，远胜于一切教育。"

的确，崇拜伟人、模仿英雄是每个人的天性，人们天生就是伟人的追星族。我们每个人在追星的过程中，带着崇敬与激情沿着伟人的成长轨迹，陶冶心灵，胸中便会油然升腾起一股发自心底的潜力，一股奋起追求的冲动，去寻找人生的标杆。那种潜移默化的无形力量，会激励我们向往崇高的人生境界，获得人生的成功。

浩浩历史千百载，滚滚红尘万古名。在我们人类历史发展的进程中，涌现出了许多可歌可泣、光芒万丈的人间精英。他们用挥毫的笔、超人的智慧、卓越的才能书写着世界历史，描绘着美好的未来，不断创造着人类历史的崭新篇章，不断推动着人类文明的进步和发展，为我们留下了许多宝贵的精神财富和物质财富。

这些伟大的人物，是人间的英杰，是我们人类的骄傲和自豪。我们不能忘记他们在那历史巅峰发出的洪亮的声音，应该让他们永垂青史，英名长存，永远纪念他们的丰功伟绩，永远作为我们的楷模，以使我们未来的时代拥有更多的出类拔萃者，以便开创和编织更加绚丽多姿的人间美景。

我们在追寻伟人的成长历程中会发现，虽然每一位人物的成长背景各不相同，但他们在一生中所表现出的辛勤奋斗和顽强拼搏精神，则是殊途同归的。这正如爱默生所说："伟大人物最明显的标志，就是他们拥有坚强的意志，不管环境怎样变化，他们的初衷与希望永远不会有丝毫的改变，他们永远会克服一切障碍，达到他们期望的目的。"同时，爱默生又说："所有伟大人物都是从艰苦中脱颖而出的。"

伟大人物的成长也具有其平凡性，关键是他们在做好思想准备进行人生不懈追求的过程中，从日常司空见惯的普通小事上，迸发出了生命的火花，化渺小为伟大，化平凡为神奇，获得灵感和启发，从而获得伟大的精神力量，去争取伟大成功的。这恰恰是我们每个人都要学习的地方。

正如学者吉田兼好所说："天下所有的伟大人物，起初都很幼稚而有严重缺点的，但他们遵守规则，重视规律，不自以为是，因此才成为一代名家，成为人们崇敬的偶像。"

为此，我们特别推出《世界名人非常之路》丛书，精选荟萃了古今中外各行各业具有代表性的名人，其中包括政治领袖、将帅英雄、思想大家、科学巨子、文坛泰斗、艺术巨匠、体坛健儿、企业精英、探险英雄、平凡伟人等，主要以他们的成长历程和人生发展为线索，尽量避免冗长的说教性叙述，而采用日常生活中富于启发性的小故事来传达他们成功的道理，尤其着重表现他们所处时代的生活特征和他们建功立业的艰难过程，以便使读者产生思想共鸣和受到启迪。

为了让读者很好地把握和学习这些名人，我们还增设了人物简介、经典故事、人物年谱和名人名言等相关内容，使本套丛书更具可读性、指向性和知识性。

为了更加形象地表现名人的发展历程，我们还根据人物的成长线索，适当配图，使之图文并茂，形式新颖，设计精美，非常适合读者阅读和收藏。

我们在编撰本套丛书时，为了体现内容的系统性和资料的翔实性，参考和借鉴了国内外的大量资料和许多版本，在此向所有辛勤付出的人们表示衷心谢意。但仍难免出现挂一漏万或错误疏忽，恳请读者批评指正，以利于我们修正。我们相信广大读者通过阅读这些世界名人的成长与成功故事，领略他们的人生追求与思想力量，一定会受到多方面的启迪和教益，进而更好地把握自我成长的关键，直至开创自己的成功人生！

人 物 简 介

❧ 名人简介 ❧

　　列夫·尼古拉耶维奇·托尔斯泰（Лев Николаевич Толстой，1828～1910），19世纪末20世纪初俄国最伟大的文学家，也是世界文学史上最杰出的作家之一。他的文学作品在世界文学中占有重要的地位。

　　代表作有长篇小说《战争与和平》、《安娜·卡列尼娜》、《复活》以及自传体小说三部曲《童年》、《少年》、《青年》。

　　托尔斯泰出生于俄国图拉省晓金区一个贵族家庭。1844年入喀山大学。1851年至1854年在高加索军队中服役并开始写作。几年军旅生活不仅使他看到上流社会的腐化，而且为以后在其巨著《战争与和平》中能够逼真地描绘战争场面打下基础。

　　其成名作为自传体小说《童年》、《少年》。从中篇小说《一个地主的早晨》之中可以看到他站在自由主义贵族立场主张自上而下改革而在自己庄园试验失败的过程。

　　1855年11月到圣彼得堡进入文学界。

　　1863年托尔斯泰创作了长篇历史小说《战争与和平》，这是其创作历程中的第一个里程碑。其第二个里程碑式巨著《安娜·卡列尼娜》，表明其小说艺术已达炉火纯青的境界。之后创作的长篇小说《复活》是他长期思想、艺术探索的总结，也是对俄国社会批判最全面、深刻、有力的一部著作，成为世界文学不朽的名著之一。

　　托尔斯泰晚年力求过简朴的平民生活，1910年10月从家中出走，11月7日病逝于一个小站，享年82岁。

❧ 成就与贡献 ❧

　　从1852年开始，托尔斯泰在《现代人》杂志上发表了他的自传

体中篇小说《童年》，到出版四卷本选集的 1864 年，托尔斯泰已经发表了二十多篇中、短篇小说，其中包括研究"心灵辩证法"的自传体三部曲《童年》、《少年》和《青年》，反映高加索军旅生活的《袭击》、《伐木》等，以及描绘战争条件下军人思想感情的《塞瓦斯托波尔的故事》3 篇，体现俄国农奴制下农村生活的《一个地主的早晨》，以寻求道德思想为主题的《哥萨克》等。

如果说 19 世纪 60 年代，托尔斯泰还仅仅是俄罗斯的伟大作家的话，那么随着《战争与和平》、《安娜·卡列尼娜》两部长篇巨著的先后问世，托尔斯泰开始赢得了世界声誉，成为一代文学巨匠。陀思妥耶夫斯基称"《安娜·卡列尼娜》是欧洲文坛上没有任何一部作品可以与之相媲美的、白璧无瑕的艺术珍品。作者本人是空前绝后的艺术大师"。

地位与影响

列夫·托尔斯泰是现实主义的作家之一。他的文学传统不仅通过高尔基而为前苏联作家所批判地继承和发展，在世界文学中也有其巨大影响。

从 19 世纪 60 年代起，他的作品开始在英、德等国翻译出版。19 世纪 70 至 80 年代之交以《战争与和平》的法译本出版使他获得国际上第一流作家的声誉，成为当时欧美的"俄国热"的主要对象。

在 19 世纪末至 20 世纪初成长的进步作家及其他欧美作家和亚洲作家都受到他的熏陶。

在中国，1900 年就出现评价他的文字，1913 年、1917 年先后有《复活》和《安娜·卡列尼娜》的不完全的文言译本。

"五四"前后，托尔斯泰的作品大量被译成中文。抗战期间分别出版了郭沫若和周扬翻译的《战争与和平》和《安娜·卡列尼娜》，以及其他作品的译本。新中国成立以后，托尔斯泰的重要作品大多已翻译出版。

目录

托尔斯泰

学习生涯

心地善良的孩子 …………………………… 2

接受家庭教育 …………………………… 11

开始全新的生活 …………………………… 22

进入喀山大学学习 …………………………… 33

失败的农业改革 …………………………… 45

为孩子们创办学校 …………………………… 54

光辉的戎马经历 …………………………… 59

走上文学创作道路 …………………………… 66

战争时期的写作 …………………………… 73

青春历程

回家乡看望亲人 …………………………… 80

圣彼得堡的经历 …………………………… 84

受到文化界追捧 …………………………… 89

对农奴制的思考 …………………………… 96

第一次出国旅行 …………………………… 102

回乡兴办教育 …………………………… 108

开办理想式的学校 …………………………… 113

文学创作

创作《战争与和平》 …………………………… 120

亲自编写识字课本 …………………………… 127

目录

写作《安娜·卡列尼娜》……………………… 133

对人生哲理的探索………………………………… 138

抛弃贵族生活……………………………………… 143

把稿费捐给教徒…………………………………… 148

晚年生活

被教会革除教籍…………………………………… 154

克里米亚的生活…………………………………… 161

强烈的反战思想…………………………………… 168

遗嘱带来的风暴…………………………………… 173

决定离家出走……………………………………… 178

伟大作家与世长辞………………………………… 182

附　录

经典故事…………………………………………… 192

年　谱……………………………………………… 196

名　言……………………………………………… 198

学习生涯

　　如果学生在学校里学习的结果是使自己什么也不会创造，那他的一生永远是模仿和抄袭。

—— 托尔斯泰

心地善良的孩子

1828 年 8 月 27 日，在俄罗斯首都莫斯科正南约 200 俄里的一个名叫雅斯纳亚·波良纳的庄园里，俄国 19 世纪著名作家列夫·尼古拉耶维奇·托尔斯泰出生了。

托尔斯泰的父亲尼古拉，在父亲伊里亚伯爵去世的时候只有 26 岁。父亲留给他大量的债务，以致他拒绝继承遗产。但尼古拉要养活人口众多的家庭，而且他的母亲习惯于奢华的生活，在吃、穿、用等方面很挑剔，因此，在别人的安排下，1822 年，他和富有的玛丽亚·尼古拉耶芙娜·沃尔康斯卡妮结婚。

玛丽亚的父亲尼古拉·塞尔盖耶维奇·沃尔康斯基公爵是女皇叶卡捷琳娜二世的宠臣，27 岁任女皇的侍卫官，后来因俄土战争的功勋晋升为少将，1799 年获得上将军衔。同年 11 月退休，住在雅斯纳亚·波良纳庄园。他仅有一个独生女，就是列夫·托尔斯泰的母亲。

1822 年，玛丽亚和尼古拉结婚，玛丽亚已经 32 岁，比新郎大 4 岁，她的嫁妆就是雅斯纳亚·波良纳庄园和 800 个农奴。此后，托尔斯泰一家人一直生活在这里。玛丽亚受过良好的教育，会讲 5 国语言。她性情温和，态度优雅娴静。

尼古拉与玛丽亚结婚后一直住在雅斯纳亚·波良纳，后来他又赎回了父亲典当出的自家领地。至 1832 年，他有 7 处领地，农奴 1500 多人，成为当地的一个富有的地主。

玛丽亚和尼古拉·托尔斯泰一共生了 5 个孩子，4 个男孩子和 1 个女孩，托尔斯泰是男孩中最小的一个。据说，他出生时有网膜，这在俄国是被当作好运气的预兆。

玛丽亚·尼古拉耶芙娜常常带着孩子们在花园中的林阴路上散步，带他们到庄园外沃隆卡河上的磨坊去玩耍。孩子们常常坐在大树下围绕着妈妈，听她讲故事。

母亲希望自己的孩子们都成为真诚、谦逊和勇敢的人。玛丽亚·尼古拉耶芙娜在弥留之际感到难过的是自己的子女还都没有长大成人，尤其是她最疼的小儿子托尔斯泰才只有一岁半，更让她觉得割舍不下。

当时，家里人都围在她的床边。她用目光在周围寻找，唯独不见小儿子托尔斯泰，于是她看着丈夫，意思是说，托尔斯泰在哪里呢？保姆把托尔斯泰抱进屋里，小托尔斯泰此时还不知道事情的严重性，他挥舞着小手开心地笑着。

但是当他看到妈妈苍白的面孔时，好像预感到可怕的命运已降临在自己头上，他"哇"的一声大哭起来。母亲眼里含着泪水，伸出颤抖的手在托尔斯泰的面前画了个十字。愿上帝保佑孩子，保佑他平安、健康、快乐地成长。

托尔斯泰始终热心侍弄母亲亲自开辟的花园，使草木更加茂盛。他一直珍惜地保护着池塘旁边的一条长椅，那是母亲当年常坐的地方。托尔斯泰已到垂暮之年，还常常指着那条长椅子向人介绍说："我爱这个地方。您瞧，您爱您的母亲，而我却记不得我的母亲了，听人说，这儿曾是我母亲喜爱的地方。"年已八旬的老人一旦谈起自己的母亲，还总是热泪盈眶。

尼古拉·托尔斯泰有一个远房表妹，名叫塔姬雅娜·亚历山大罗芙娜·叶尔戈里卡亚。她是一个孤女，由托尔斯泰的祖父抚养成人。她长得很美丽，又具有温柔贤惠的品性。她爱上了托尔斯泰的父亲尼古拉。在托尔斯泰的母亲去世后，托尔斯泰的父亲尼古拉曾向这位远房表妹求过婚，请她做5个孩子的母亲。

塔姬雅娜是个矮小的女人，有一头浓密的黑色头发，温柔、和气，并且仁慈。托尔斯泰的童年是在这位善良亲切的女人的庇护下度过的。同时，她的性情与爱憎也深深渗入托尔斯泰的心中，影响着他的一生。比如托尔斯泰一辈子都厌恶体罚，而且他对于完美纯洁的赞许，都源自这位姑姑。

托尔斯泰的家庭是当时典型的俄国地主家庭。他们一家过着安逸享乐的生活，作为主人，他们从来不用参加劳动。他们的庄园是一个自给自足的农庄，全家的一切衣食用品，都来自农奴们的劳作。

在托尔斯泰的家庭中，有一项是与众不同的，那就是绝对禁止对孩子们进行体罚。这一点在当时是相当难能可贵的。当时俄国贵族家庭教育子女普遍采用体罚的方法，并且坚信这是行之有效的办法，甚至皇室子女也不例外。所以托尔斯泰生活在这样一个环境中，令他感到十分庆幸。

家里的人都厌恶体罚，这给托尔斯泰留下了深刻的印象，尤其是塔姬雅娜姑姑。比如有一次，家中的一群小孩子跟教师散步，回来走近谷仓的时候遇见管家安德鲁和马车夫柯兹玛，当孩子们询问安德鲁去做什么时，他回答说去谷仓里处罚柯兹玛。

晚上，他把这件事告诉了姑姑塔姬雅娜，姑姑当时十分生气，并叱责小托尔斯泰为什么不阻止他。姑姑的话令托尔斯泰痛苦不堪，他从来没想到过他可以阻止、干涉这样的事。这件事可以说让列夫·托尔斯泰铭记了一辈子，在以后的日子里他不时想起，并深深地自责。

一天早上，他的塔姬雅娜姑姑为他穿上那件背上缝着带子的宽大的衣服，一面吻着托尔斯泰，一面拥抱他，并把背上的带子系在他的腰上。姑姑把他带到楼下，让他开始和男孩子们一起生活。

在离开幼儿室后，小托尔斯泰感到了一阵阵悲哀，不是为了离开妹妹、保姆和姑姑这些人，而是因为离开了他的小床和枕头；并且对未知生活有一种恐惧感。他试着感受新生活那令人愉快的一面，试图接受家庭教师费道尔的甜言蜜语，尽量不理会那些比他大的男孩子对他的轻蔑，小小的心里感到要失去他幼儿时的快乐和天真。

塔姬雅娜姑姑是一位具有自我牺牲精神的女人。她当年没有嫁给尼古拉·伊里奇的主要原因是考虑到他的幸福，认为他娶沃尔康斯基公爵小姐会帮助这个家庭摆脱经济困境。但她对尼古拉·伊里奇的爱始终没变，她完全抛弃了个人的幸福，把全部身心都献给了尼古拉和他的家庭。

玛丽亚死后，塔姬雅娜自觉地担负起抚养和教育她的子女的全部任务，把自己的爱完全倾注在孩子们身上。这种爱纯洁、无私，是伟大的母性的爱。小托尔斯泰深深地沉浸在这种爱里。因此，托尔斯泰虽然过早地失去了母亲，但仍生活在爱的包围中，仿佛母亲就在他身边。托尔斯泰曾在自传里这样写道：

> 塔姬雅娜姑姑对我的一生影响最大。从我的幼年时代，她就教给了我爱的精神方面的快乐。她不是用语言教我这种快乐，而是用她整个的人，她使我充满了爱。我看见，我感到，她怎样喜欢爱别人，于是我懂得了爱的快乐。

除了塔姬雅娜姑姑对孩子无限的爱以外，家里的其他人也深爱着这些孩子。父亲很爱子女，在饭桌上常常讲些笑话，逗得孩子们前仰后合。他还时常给孩子们画画，启发他们的想象力，有时也带他们到外边散步。

每逢孩子们到父亲的书房里来，他不管多忙，都要跟他们一起玩一会儿，如果他在读书或与客人谈话，小托尔斯泰就爬到他的后背上玩耍，觉得开心极了。祖母也为人慈祥，疼爱孙儿，不准别人对他们进行体罚。托尔斯泰小的时候没有挨过大人的打骂，为此不能不感激他的祖母。

托尔斯泰和他的3个哥哥、小妹妹玛丽亚，都是很友好的，他们一个比他大五岁，一个大两岁半，一个大一岁半，玛丽亚比他小一岁半。

在小托尔斯泰眼中，他的大哥是一个了不起的孩子，他一点也不虚荣，并且也毫不关心别人对他的看法。他有一种优良的、艺术的感觉，一种极度发达的辨别分寸的能力，和一种忠实的、非常道德的人生观；他极富幽默感，脾气非常好，而且对于这一切他没有半点自负。他的想象力是那样丰富，以至于能够一连几个钟头用拉德克里芙夫人的风格讲述神仙或者鬼怪的故事，娓娓道来，形象生动，使听的人都忘记这全是他自己编的。

托尔斯泰的二哥塞尔盖是一个帅气、骄傲、爽直、真诚的人。小时候，小托尔斯泰非常羡慕哥哥帅气的外貌和婉转的歌喉以及他的快乐，尤其是塞尔盖本能的自负。托尔斯泰常常想到自己长得太不好看，因此他失望极了，他希望上帝赐予他一副塞尔盖的容貌，把他变成美男子。

至于三哥德米特里，昵称米京卡，他只比托尔斯泰大一岁多，他们在一起玩的时候也最多，他们两个在一起相处得很好。

托尔斯泰的性格温柔、和气顺从，并且决不粗鲁，尽管他喜欢开玩笑。假如别人抚爱他，他眼里就会噙满泪水；若是哥哥们欺负了他，他就走到一边去哭。如果有人问他怎么啦，他会回答"他们欺负我"，于是哭个不停。

他总爱哭，所以绰号叫"爱哭的列夫"。他的悲伤常常是由于生活中的不愉快的事情引起的。比如花园里树上的寒鸦会突然从窝里掉到地上摔死；厨师常常把活泼的母鸡杀死，拿到厨房里去做菜；悲哀可怜的家庭教师会受到欺负而闷闷不乐；与孩子们非常友好的司膳员瓦西里突然被调离雅斯纳亚·波良纳等，诸如此类的事情经常发生，使托尔斯泰难过极了。

托尔斯泰爱哭，常常也因为他不满意自己。在他 5 岁的时候，父亲让他教玛丽亚认法文字母。起初两个孩子学习得很好，可是后来大概是由于小姑娘疲倦了，教她的字母她总是念不对。但托尔斯泰一定要她念，于是她开始哭了，托尔斯泰也哭了。等到大人来的时候，两个人都哭得什么话也说不出来。

托尔斯泰的苦恼和悲伤更多的是来自对不幸者的同情，对爱的无限需求。有一次，管院子的福卡拿着鞭子抽打一个打杂的男孩子。他满脸怒气，一边打一边说："你再敢，你再敢！"

男孩子哭着说："不敢了，不敢了！"

托尔斯泰看到这里，他伤心透了，不由得轻轻哭泣起来。他爱周围的人，从父亲到马车夫，在他看来，他们都是非常好的人。他总是看到他们最优良的性格，而且相信他们也都爱他。

常常在入睡之前，托尔斯泰躺在床上，默默地想："我爱保姆，保姆爱我和米京卡；我爱米京卡，米京卡爱我和保姆。塔拉斯爱保姆，我爱塔拉斯，米京卡也爱我们。爸爸爱我和保姆，保姆爱我和爸爸。大家都爱，大家都好。"在这童稚无邪的默祷中，他渐渐地睡去了。

托尔斯泰从一出生就由女奴给他喂奶，长大一点后，又有保姆、厨师、听差、车夫等各种农奴殷勤地侍候他。由于长时间的接触和他们的悉心照料，使小托尔斯泰对他们产生了深厚的感情。托尔斯泰兄妹们也与奴仆相处得比较融洽，很少在奴仆面前摆主人的架子。

比如，托尔斯泰有一次想骑一匹叫作"渡鸦"的老马，他非常喜欢骑马，但是他的哥哥们每人都骑过一次了，"渡鸦"已经太疲劳了，不肯从马厩里走出来；于是托尔斯泰就鞭打它，直至他的马鞭在它的腰部被打断了。他让管马的奴仆再拿一根粗点儿的马鞭来，但是这个人回答说："少爷，你为什么连一点怜悯心都没有？它已经二十多岁了，而且也非常疲倦，差不多都喘不过气来了。虽然是一匹马，他和季莫费奇一样老。你还不如骑在季莫费奇的背上，用一根马鞭把他赶得像'渡鸦'一样的受不了，你就不可怜他吗?"

托尔斯泰听了这话，就从马背上下来，看到马冒着热气的肋骨在抽搐着，用鼻子费力地吸着气。于是他感到很对不起"渡鸦"，他开始吻它汗湿的脖子，并请求它原谅。后来长大了，托尔斯泰对马一直是十分同情的，不让别人虐待它们。

托尔斯泰十分喜爱父亲的跟班彼待鲁沙和马特尤沙。老仆吉洪是个很有才华的"演员"，幽默滑稽的表演，常常逗得大家哈哈大笑。托尔斯泰尤其喜欢司膳员瓦西里，这个和蔼的人常常把孩子托在托盘里，运到厨房或别的什么"神秘的地方"去。孩子们十分喜爱这个游戏，争先恐后地要坐在托盘上。后来，瓦西里转到别的农庄工作，托尔斯泰十分难过和悲伤，他第一次感到人生无常和生离死别。

托尔斯泰在众多仆人的环绕下一直长到五六岁，还没有直接接触过大自然。他最早的室外活动是在雅斯纳亚·波良纳庄园的花园里。这里花草树木和鸟兽虫鱼都生机盎然，一派繁荣景象，使托尔斯泰第一次感受到墙壁以外的世界的美妙。他在阳光照耀下的花园里玩耍，常常流连忘返。树上的鸟、地上的昆虫和各种奇异的植物，都让他睁大了好奇的眼睛。

托尔斯泰还十分喜欢饲养动物。他曾自己养过一只母鸡和几只小鸡，也养了一只黑色的猎狗，叫米尔卡。他也常常跑到马厩里，给马添料加水。

夏天时，托尔斯泰常常和大人们一起去野餐，但他对喝茶聊天不感兴趣。他喜欢躺在白桦林中的草地上，看天上变幻无常的云朵，听耳边小虫的鸣叫声，静静地感受大自然的温馨与恬美。他也常常钓鱼或去附近的农庄游玩。品尝新鲜的奶酪和奶油，看农奴们捕鱼和收割。冬天的时候，兄弟们常常在山坡上滑雪橇，笑声在空旷的山谷里久久回荡。

当然，俄国农奴主们最喜欢的活动是打猎。这有利于培养孩子们的勇敢精神。托尔斯泰小时候经常看着父亲和哥哥们去打猎，他心里羡慕极了，盼望着自己快快长大，有朝一日也去猎场。

终于有一天，父亲允许托尔斯泰跟随大家去打猎了。到了猎场以后，绰号叫"土耳其人"的猎仆被吩咐去轰赶野兔。父亲让托尔斯泰用手帕拴住一个叫"热兰"的猎狗的脖子，然后沿着大路跑，跑到树林中那块空地上停下来。并且强调，打不到兔子就别去见他。

托尔斯泰和"热兰"狂奔到指定地点，他已经摔了好几跤了。托尔斯泰挑了个阴凉而平坦的地方躺下，"热兰"蹲在一边开始等待。猎场上的猎狗叫声此起彼伏，越来越响亮，汇合成一片轰响、嘈杂的喧闹。

听见这片响声，托尔斯泰呆如木鸡，一动不动，脸上汗流如注，他觉得这种紧张的局面实在太要命了。猎狗时而在树林边上狂吠，时而又跑到猎场中央，树林里烟尘滚滚，就是不见一只野兔。托尔斯泰四下张望了一会儿，"热兰"也拼命挣扎、狂叫，然后才慢慢地安静下来。

于是托尔斯泰坐在一棵树的下面，开始观察苔藓上面爬来爬去的蚂蚁，时间仿佛凝住了。突然，"热兰"吠叫起来，猛地往前一冲，险些摔倒了托尔斯泰。他回头一看，原来一只野兔在树林边上跳跃，热血涌上了托尔斯泰的脸，他刹那间忘了一切，狂叫起来，松了狗，纵身跑过去。但他刚刚这样做就后悔了，因为那只兔子蹲下身子往前一纵，钻进灌木丛就不见了。

当"土耳其人"跟着猎狗来到林边的时候，托尔斯泰羞愧极了。那人看见托尔斯泰犯了过错，轻蔑地瞪了他一眼，只说一声："唉，少爷！"但他那语气让托尔斯泰感到了极大的耻辱，他觉得，如果"土耳其人"把自己像兔子那样吊在马鞍上，他还会舒服些。

他心灰意懒地站在那里好半天，拍着大腿不停地说："天哪、天哪，我这是干了些什么呢？"

打猎结束后，人们在小树林边上吃着水果和冰激凌，望着远处的田野。现在正是麦收的大忙时节。一望无际的金色的田野上到处都是麦垛和农民。稠密高大的黑麦中间，有个女人弯着腰在割麦，另一个女人在拾一处处散落的麦穗。另一边，男人们只穿着一件衬衫站在大车上，堆着麦捆，干燥炎热的田野上方扬着灰尘。

苦艾、干草和马汗的气味，炎热的阳光在淡黄色的麦茬、远处蓝色的树木和淡紫色的云片上，洒下万般色彩和明暗色调，白色的蛛丝飘浮在空中或者落在麦茬上。美丽的景色多么宜人，托尔斯泰眺望着远方，渐渐忘却了刚才在猎场上不愉快的经历。

接受家庭教育

父母在托尔斯泰很小的时候就为他聘请外国教师，这是俄罗斯富裕家庭中普遍的习惯，这样可以使孩子在小的时候就从会话中学习外语，比从书本上学要好一些。因此托尔斯泰对德文和法文都很精通。

当然，家庭教师还要培养孩子们将来出入上流社会时必须具备的礼节、风度和生活习性；另外，教师还负责照料孩子们的日常生活、饮食起居等。玛丽亚活着的时候就为孩子们雇了一个家庭教师。他是一个德国人，名叫塞奥多尔·罗梭，罗梭的"诚实、直爽和爱的天性"，使孩子们的天性得到发展。

托尔斯泰满5岁的时候搬到儿童室与哥哥们住在一起，开始由罗梭照料起居，并接受他的教育。罗梭的俄国名字叫费道尔·伊尔诺维奇。费道尔不仅教托尔斯泰兄弟标准德语，而且为他们讲授数学、历史、地理等课程。晚上，他要把孩子们一一安顿睡下，早晨叫他们起床，然后带孩子们下楼向祖母和父亲请安，陪他们去餐厅吃饭，饭后带他们在花园里散步。

费道尔一生十分坎坷。他14岁就给店铺当学徒，后来被征入伍。在战斗中被法国人俘虏。从俘虏营中逃出来后，他流浪了好几年，回国后地方当局却怀疑他是逃兵，准备拘捕他。在毫无出路的情况，他只身逃到俄国，在贵族的家庭里当家庭教师。

他很爱托尔斯泰兄弟们，孩子们也真心喜欢他。有时，由于孩子们的顽皮和淘气，或没有好好做功课，费道尔偶尔也会发脾气，甚至打破托尔斯泰家庭不体罚孩子的规矩，罚不听话的孩子跪在墙角。

那个角落有个炉门，炉门上有通风口。孩子们跪在那里，常常把炉门打开又关上，或者从墙上挖下一块灰泥，有时灰泥"砰"的一声落在地上，孩子们害怕极了，可费道尔仿佛什么也没察觉，依旧捧着书在那儿读。

但罚跪的事情不常发生，而且过一会儿，费道尔就会叫被罚的孩子起来。孩子偷偷笑着做个鬼脸，回到自己的座位上去。

费道尔没有受过多少正规教育，知识很有限。随着孩子们一天天长大了，他越来越不能胜任教学工作了。父亲决定辞退费道尔。托尔斯泰大动感情地哭了起来。

费道尔这位和善的老人也异常激动，他舍不得离开相处惯了的孩子们，他语无伦次，声音颤抖，双眼含着泪水对托尔斯泰的父亲诉说："我和孩子们相处惯了，我不知道，没有他们我该怎么办？我情愿不拿薪水为你们效劳。"主人被感动了，决定把他留下来。他一直没有离开雅斯纳亚·波良纳，死后也安葬在这里。

费道尔是一位慈爱的老人，托尔斯泰十分依恋他，他常常走到老师的身边，拉住费道尔的手轻轻地对他说"亲爱的费道尔·伊凡诺维奇"，费道尔喜欢被这样称呼，而且总是伸出手来抚摸托尔斯泰，心里显然是十分感动的。

虽然托尔斯泰从费道尔那儿并没有学会什么实际的知识，但托尔斯泰在很小的时候就表现出敏锐的观察力和丰富的想象力。那时，他很喜欢绘画。

有一次，他在圆桌旁坐下，决定画打猎的场面，虽然他只有蓝颜料。他先画了一个穿蓝衣服、骑白马的男孩和一群蓝色的狗，画得很生动，但他不知道可不可以画一只蓝兔子，于是就跑到书房里去找父亲。他问父亲："有没有蓝色的兔子？"

父亲头也没抬地回答："有的，好孩子，有的。"

托尔斯泰回到桌子旁，继续画下去，画了一只蓝兔子，后来又觉得应该把蓝兔子改成一丛灌木。灌木他也不喜欢，就把它改成一棵树，又把树改成一个大干草垛，再把大干草垛改为云彩，结果整张纸都被蓝颜料涂满了，他气得把画撕碎了，然后坐到安乐椅上开始打瞌睡。

父亲很少有时间和孩子们在一起，但他还是十分关心他们的。在托尔斯泰大约 8 岁的时候，他的父亲有一次叫他念普希金的诗《致大海》和《拿破仑》，那是托尔斯泰很喜欢的两首诗，并且还能背诵。父亲听了托尔斯泰的朗诵，被托尔斯泰所表现出的真挚感情打动了，和雅兹可夫教父交换着意味深长的眼色，托尔斯泰因此非常快乐。

托尔斯泰曾在《幼年时代》一书中以"父亲是个什么样的人物"为题的一章开头这样写道："他有魁梧健美的身躯，但奇怪的是走路的步伐却很小；他有耸肩的怪癖，小眼睛经常含着微笑，大大的鹰钩鼻子，不算整齐但还算端正的嘴唇，常常紧闭着，咬字发音却不太清楚，经常带着'咻咻'的余音；他还有着微秃的头顶，这就是我记忆中的父亲。"

除了朗诵诗以外，托尔斯泰还善于编字谜。有一次，全家人都在吃午饭，父亲对托尔斯泰说："托尔斯泰，小胖子，编个新字谜给大家猜吧！"托尔斯泰小的时候有点胖，因此父亲喜欢叫他"小胖子"。

他很高兴，想想，随口说道："老大是个字，老二是只鸟，合在一起是一个小房子。"谜底是"岗楼"。这个字谜并不巧妙，但大家听的时候都笑眯眯的。他知道，这种微笑意味着人人都爱他。托尔斯泰感觉到这一点，因此心里十分快活。

托尔斯泰十分珍惜大人们的鼓励和爱护，正由于这些鼓励，他才得以长期保持较乐观的心情。托尔斯泰常对自己感到不满，善于自我分析。如果对自己有什么不满意的事情，总是久久不能忘怀，不断责备自己，陷入苦恼之中。

这体现在他对外貌的不满方面，他认为自己的扁鼻子、厚嘴唇和灰色的小眼睛，实在不会给自己带来什么幸福，为了变成美男子，他愿为一副漂亮的面孔献出他当时有和将来可能有的一切。

有一次，他把他的眉毛剪短了，而这种改变却十分不成功，给了他更大的痛苦。而塔姬雅娜姑姑竭力说服托尔斯泰，告诉他，他有一双明亮的眼睛，虽然他的外表不十分漂亮。

姑姑告诉托尔斯泰，别人不会因为你美丽的模样而爱你，所以你应该努力做一个聪明的孩子。这些话极大地安慰了托尔斯泰，使他从自己面貌丑陋自卑的痛苦中解脱出来，坚定了做一个聪明的孩子的信念。此后，托尔斯泰很少为面孔不漂亮而苦恼，专心做自己喜欢的而又使自己快乐的事情。

托尔斯泰兄弟曾经办过一种手写的"杂志"，这是谢辽沙提议办的。轮到托尔斯泰当主编时，他给杂志取名为《童年娱乐》，只有《自然史》一个栏目，共4页。第一页是封面，写着题目；第二页是目录；第三页第四页是正文，描述了鹰、猫头鹰、鹦鹉、孔雀、公鸡等7种鸟类的形态和习性。

1837年，托尔斯泰又编了一本手抄"杂志"。这是一个自己装订的小本子，刊登了一篇《老祖父的故事》，写的是一个身经百战的老上校所经历的奇异生活。此外，他还编过一本《格言》，画了许多图画来说明格言的内容。这些都可以看作是托尔斯泰作为一位大文豪最早的文学创作活动。

托尔斯泰家的孩子渐渐长大了，大的孩子要进大学学习，年纪小的也要接受正规教育。所以，托尔斯泰的父亲尼古拉·伊里奇决定带几个孩子迁到莫斯科。那是1837年元旦刚过，托尔斯泰还不满10岁。

临别时，托尔斯泰看到姑姑那抖动的嘴唇和饱含泪水的双眼，他又悲伤、又痛苦、又害怕，真想逃开，不愿同亲爱的人告别。姑姑拥抱着托尔斯泰，吻着托尔斯泰的头顶替他画十字，一次又一次地为托尔斯泰祝福，托尔斯泰依偎着她，哭了又哭，直到喘不上气来。

旅行是漫长的。从雅斯纳亚·波良纳到莫斯科200多俄里，大约走了 3 天。托尔斯泰第一次离开他生活了近 10 年的庄园，第一次看到这样一个广阔的世界。他觉得十分新奇，眼界大开。

驶进莫斯科的时候，刚好是一个宁静的冬日黄昏，夕阳照射到古老的克里姆林宫的尖塔上和圆圆的屋顶上，金碧辉煌，整个莫斯科笼罩在烟雾沉沉的暮色中，不觉增加了几分神秘庄严的气氛。

父亲向托尔斯泰指点着克里姆林宫的城墙、伊凡大教堂、莫斯科河。托尔斯泰在小的时候就听过残暴的伊凡的故事，还有波兰人侵略莫斯科的历史，以及 1812 年，拿破仑皇帝曾火烧过莫斯科，而这件事也只是刚过 20 多年。托尔斯泰目睹这些历史遗物，心中久久不能平静。

然而，莫斯科的日常生活却是单调枯燥的。托尔斯泰深深地失望了。托尔斯泰住在普留西哈大街 11 号，这是一栋二层的楼房，临街有 11 个窗子。托尔斯泰的大哥尼古拉整天忙于读书学习，准备迎接大学的考试；父亲忙于田庄的事情，常在外面住宿。只有家庭教师费道尔常陪着孩子们，托尔斯泰深深地怀念那段在田庄的日子，高大的树木，波光粼粼的池塘，迎风怒放的红色罂粟花，以及新割下来的麦子散发的芳香。

为了找回在庄园自由温馨的感觉，孩子们常常要求费道尔带他们去外面散步。他们去过郊外的一个花园，和雅斯纳亚·波良纳的花园十分相像，那里还有个大池塘，孩子们一边划船，一边玩耍。他们感到十分愉快。但等他们再次来到这个花园时，发现这个花园被锁上了。原来，这是私人花园，是不允许陌生人随意游玩的。刚刚找到的一块乐土又失去了，孩子们重新陷入了寂寞中。

在到达莫斯科后不久，费道乐就不再担当教育孩子们的任务了。家里为孩子们又请来了一位新的家庭教师，他是法国人，名叫圣托姆。

费道尔细致耐心地向他介绍了每个孩子的情况，从脾气秉性到个人习惯，无不详细说明。最后，善良的费道尔还特别提起小托尔斯泰，他说："托尔斯泰是个心地过于善良的孩子，对他要温存、耐心，千万不能恐吓，如果使用暴力，只能适得其反，什么也办不成。"

接着，他还再三叮嘱这位新的家庭教师说："请您爱护他们，给他们以温存，因为他们太早地失去了母亲，没有得到完整的爱，所以不要伤害他们。"

可是圣托姆却对费道尔很傲慢，他不以为然地回答说："我有我自己的办法，会让他们乖乖听话的。"

当时，小托尔斯泰刚好在旁边听到了这些话，他感到十分不愉快，他冷冷地看着那个新来的圣托姆，转过身离开了这里。

由于第一次不太愉快的见面，托尔斯泰对圣托姆产生一种极不信任的感情，同时还掺杂着不自觉的恐惧。在后来的相处过程中，托尔斯泰对圣托姆的感情越来越恶化，并表现出极大的厌恶，师生之间的关系一直十分紧张，他们之间的矛盾，稍经触动，便会爆发。

圣托姆虽然也和费道尔一样，喜欢用罚跪来处罚学生，但他对孩子们采取的态度却完全不同于费道尔，他对孩子们极少有疼爱之心，相反，他常常采取敌对的态度。

每逢发怒的时候，他总是挺着胸脯，指手画脚，用严厉的声音高叫："你给我跪下，坏家伙！"他企图通过罚跪让孩子祈求饶恕，并完全听命于他，实际上这是对孩子们人格上的侮辱，极大地伤害了孩子们的自尊心。尤其小托尔斯泰不能接受这种侮辱。

曾经有一次，圣托姆指着地板，声色俱厉地让托尔斯泰跪下。托尔斯泰脸色苍白，倔强地扭着头，宁死也不肯跪下。圣托姆伸出手猛地抓住托尔斯泰的肩膀，狠命地用力把托尔斯泰的身体按下去。

从这以后，托尔斯泰对圣托姆完全失去了信任和尊敬，师生关系更加恶化，并且又一次爆发了更加激烈的冲突。那天，托尔斯泰家里举行晚会，孩子们都在客厅里兴高采烈地玩耍，圣托姆突然走过来，盛气凌人地对托尔斯泰说让他离开这里，说他没有权利在这儿玩，上午的功课他做得太糟了。他还大声向众人宣布说："我已经几次要处罚你了，只因你的祖母总是袒护你。现在我已忍无可忍，除了动棍子以外，没有什么别的东西会使你乖乖听话。"

这席话极大地伤害了托尔斯泰那颗敏感、自尊的心。他感到血液奔涌起来，心剧烈地跳动，脸色苍白，嘴唇颤抖，手脚冰冷并出了一身冷汗。圣托姆走过来准备抓托尔斯泰的时候，孩子一把抽回自己的手臂，并且使出全身力量向那个比他大几倍的男人打去。圣托姆伸出两只大手，像抓小鸡一样把托尔斯泰提走。托尔斯泰拼命挣扎，用头乱撞，用脚乱踢。可是，他还是被拖到贮藏室里，并被锁在那儿，他还听见圣托姆大声喊叫，让人拿棍子来。

托尔斯泰被整整关了一夜，没有一个人去看望过他，贮藏室里漆黑阴冷，小托尔斯泰孤零零地在地板上坐了一夜，一边想着自己不幸的遭遇，一边默默地流着眼泪。

为什么家里人谁也不关心他的遭遇，没有一个人肯问一问他的不幸，是不是从祖母到车夫都已经不再爱他了，甚至把他的痛苦当作了乐趣？也许自己本来就不是父母的亲生儿子，而是一个被收养的弃儿。也许离开这个家会更好，但怎样离开这儿呢？

托尔斯泰越想越远，陷入一种真假难辨的幻境中。

幻想可以减轻他强烈的愤怒的感情，使受屈辱的心得到抚慰。他自童年开始就对爱有着无限的需求，但现实生活却不能令他满意，于是他就发挥想象力，在头脑中勾勒出种种场面、形形色色的人物，以及各种复杂的事件，而他却是中间的重要人物。

有时，他设想自己从着火的房子里救出妇女和儿童，或者拉住脱缰的惊马并从马蹄下救出奄奄一息的骑士；时而，他又是一位所向披靡的大将军，指挥着俄罗斯勇士，杀退入侵的外族敌人。

有一段时期，托尔斯泰完全沉溺于幻想之中，甚至分不清楚，哪些是现实，哪些是幻想。

有一天，全家人准备吃午饭的时候，突然发现托尔斯泰不在客厅里。等祖母来了以后，他还是没到。大家都觉着奇怪，祖母问圣托姆，为什么托尔斯泰没有来？是不是又受到处罚，被关进了黑屋子？圣托姆窘迫地说，他没有处罚托尔斯泰，他相信，那孩子马上就会来。

托尔斯泰时常为一些事情在自己的房间里，因而不按时吃饭的事儿以前也发生过，所以，这次，祖母问过以后，也没太在意。于是，大家一起去饭厅吃饭去了。

中间，一个仆役匆匆走进来，在圣托姆耳边说了几句什么，圣托姆听了之后，表现得极为惊慌，急急忙忙地离开座位，走到外面去了。究竟发生了什么事情呢？

事情很快就弄清楚了。原来是托尔斯泰不知道为什么从几丈高的窗台上面跳了下去。他为什么要做这样的事情呢？原来，那段时间托尔斯泰特别渴望飞翔，并且执着地相信，人只需坐在脚跟上，双手把膝盖抱紧，抱得越紧，飞得就越高，然后纵身从高处一跃，就可以像鸟儿一样在空中自由自在地飞翔了。

为了实施这一想法，并且要不受到任何人的阻止，他选择了大家都去吃午饭的时间。他在房间里磨磨蹭蹭，等大家都走了，他就悄悄地钻进阁楼，打开窗户，做完准备工作后就纵身一跃。

当托尔斯泰重重地摔到地面上的时候，厨娘刚好站在楼下的窗子前，她被眼前的情景吓坏了，忙跑去告诉了仆役。当人们赶到院子里，把他抬起来的时候，他已经不省人事了。幸而他跌得不重，只是轻微的脑震荡而已，在昏睡了16个小时之后，他又恢复正常了。

上面的事情说明这时期托尔斯泰是易于激动的，富于想象力，敢想敢干，而且天性相当乖谬。

这种与众不同、古怪的孩子，不愿意和别人一样做事，在抽象思考方面，正如其他很多方面一样，托尔斯泰显然和别的孩子不一样，甚至胜过成人。

正像他在《少年》中一段话所描述的那样："难以相信在我少年时期我最心爱的和经常思考的问题是什么，经常是那么不合于我的年龄和地位。但是在我看来，一个人的地位和道德之间的矛盾，正是他寻求真理的最可靠的标志。"

有一次，他突然想到有关人生的意义和使命等抽象的问题，不断地问自己："人为什么活着？""人类会不会幸福？怎样才能获得幸福？"他有时想：幸福并不依靠外因，而是要看人们和那个外因的关系；惯于忍受痛苦的人不会是不幸福的。

还有一次，托尔斯泰又猛然领悟到死亡不正在每小时每分钟地召唤着人们吗？人们应该早一点儿明白这个道理，只有及时行乐才会幸福。为此，他抛弃了功课，什么也不做，只是躺在床上，一连三天看小说和吃蜜糖姜饼，以此作为享受，以至于把最后几个钱都花在买姜饼上了。

还有一天，托尔斯泰站在黑板前用粉笔画着各种各样的花纹，突然惊奇地想到，为什么对称是悦目的？什么是对称？他自己又回答道，这都是天赋的感觉。那么这种感觉的基础是什么？难道生活中都是对称的吗？他又在黑板上画了一个椭圆形，把这想象成生活；他从椭圆形的一边把线一直拉到黑板边上，这象征着永恒。

诸如此类，当时少年的托尔斯泰对这种推理极感兴趣，常常在一张纸上涂来画去，试图把各种思绪形象地勾画出来。

正当少年的托尔斯泰沉浸于自己的幻想、迷惑与好奇的时候，托尔斯泰家发生了几件不幸的事情。

首先是托尔斯泰父亲尼古拉·伊里奇·托尔斯泰的不幸去世。在全家人搬到莫斯科的第二年的夏天，托尔斯泰的父亲到图拉省去料理事务，在拜访他的朋友杰麦肖夫的途中，在街上跌倒，中风而死。

葬礼是在雅斯纳亚·波良纳举行的；可是托尔斯泰没有参加葬礼，他宁愿相信他的父亲并没有真死。托尔斯泰晚年的《回忆录》中曾这样写道："我非常爱我的父亲，但在他逝世以前还不知道我对他的爱是多么强烈！"

父亲的去世把生和死的问题清晰地提给了托尔斯泰，9个月后，这个印象又因他祖母的去世而加深了。自从尼古拉·伊里奇死后，祖母一直受着刺激，没有复原，1838年5月25日，她也离开了人世。她的死，是托尔斯泰亲眼看见的第一次死亡。

当她害水肿病躺着快死的时候，人们让孩子们去吻她那苍白浮肿的手。她穿着白衣服，静静地躺在一张高高的白色的床上，这使托尔斯泰感到十分恐怖。大家都穿着镶白边的黑色外衣，在房里走来走去。后来抬了棺木进来，棺盖上覆盖着发亮的锦缎。

托尔斯泰最后一次看祖母那张严肃的脸、罗马式的鼻子以及白帽子、白头巾时，他再一次感到了可怕与恐怖，一种对死亡以及人生令人恐怖的慑服，这远远大于了失去祖母的哀伤。

听到客人闲谈，说托尔斯泰家的孩子完全是孤儿了，他们的父亲刚死不久，现在祖母又去世了，托尔斯泰心里一点也不为自己难过，因为恐惧早已冲淡了这些。

一连失去了两位亲人，少年托尔斯泰就更深地陷入孤独之中，他更醉心于沉思默想了。父亲和祖母的不幸离世，使他真切地意识到，人生无常，生死无常。那么，人死了以后会怎么样？有没有灵魂存在？人生活的世界从哪里来，是谁创造了它？在人类产生以前它是什么样的？

对一个信仰基督教的人来说，这些问题都是不应该想的，也是根本不存在的。但托尔斯泰一家并不是狂热的宗教徒。

在这种家庭的影响下，托尔斯泰从小就不是十分虔诚地信仰基督教。少年时期的他已经开始怀疑上帝创造一切、灵魂不死等基督教思想。

托尔斯泰在祖母死后不久，一再想："为什么一定要举行宗教仪式呢，是为了上帝吗，那么上帝又是什么样的呢？"这些问题一直使托尔斯泰很苦恼，他那个年龄阶段还不可能对宗教进行科学的批判。

后来，米京卡的同学沃洛佳·米留京为他解决了这些问题。米留京是一个文法学校的学生，礼拜天来拜访托尔斯泰兄弟，宣布他的学校里最近有一个新发现：上帝并不存在，人们宣扬的关于上帝的一切都是编造出来的。

托尔斯泰兄弟们对这个发现特别感兴趣，他们热烈地讨论，一致认为这个思想十分新颖，并且极有可能。

不过后来，托尔斯泰一直也没有成为无神论者，仍然是个宗教徒，大力宣传"清洗过的宗教"。但是，他对官方教会的深刻揭露和抗议也是空前的，这正是托尔斯泰世界观形成的一种表现。

开始全新的生活

托尔斯泰的父亲去世后，家产由"孤儿法庭"管理，在祖母逝世以前，这个家庭一直过着豪华奢侈的生活，开销很大。

为了减少费用，孩子们的法定保护人即尼古拉·伊里奇的大妹亚历山大拉·伊里伊尼奇娜姑姑决定陪两个大孩子留在莫斯科继续学习，让塔姬雅娜带着3个年幼的孩子回到雅斯纳亚·波良纳，因为那里的生活费低一些。

1838年夏初，孩子们又回到了原来生活的田庄，他们一个个都十分兴奋，尤其是托尔斯泰。首先，他可以回到一直怀念的田野、草地和森林以及淳朴善良的村民中；再者，可以逃离枯燥无趣的莫斯科的生活，还有那个令人讨厌的家庭教师圣托姆。

重返波良纳后，托尔斯泰又整日游荡在大自然的环抱之中了，丁香花、林阴道、草地、看林人的小屋，处处还留着童年时玩耍的身影。

1839年夏天，全家人都来到雅斯纳亚·波良纳聚会，托尔斯泰和哥哥们到沃隆卡河去游泳，到老扎卡兹树林里散步，或者每人骑一匹马到几十俄里外的皮罗戈沃村旅行，那是他们的父亲逝世前新买进来的一处领地。皮罗戈沃的景色迷人，尤其是牧场上奔驰的马群更使孩子们激动不已。

1839年9月，一家人又全部回到莫斯科，因为那时尼古拉一世驾临莫斯科，为"我们的救世主大教堂"奠置基石。托尔斯泰从一家邻居的窗口目睹了这次盛会。

第二年夏天，孩子们又回到了雅斯纳亚·波良纳，这一年是饥荒的一年。收成非常坏，必须买粮食来养活农奴们，为了筹划这一笔支出，托尔斯泰家得出卖一处田庄。托尔斯泰兄弟们的马匹也不能再喂燕麦了。

他们心疼自己的小马，偷偷在农民的田地里为它们收集燕麦，而当时他们全然不知道他们这样做犯了什么罪过。

这一年的秋天，孩子们的法定监护人亚历山大拉·伊里伊尼奇娜姑姑在她所隐居的，在奥普京建于卡卢加省的修道院中逝世。亚历山大拉·伊里伊尼奇娜在持家立业方面毫无经验，遇到了重重困难，虽不辞辛劳，日夜操持，但并没有显著的起色。

在这位仁慈的亚历山大拉·伊里伊尼奇娜姑姑死后，托尔斯泰兄弟的生活又发生了新的变化。当时，除了大哥尼古拉以外，其他的孩子还没有成人，他们的另一位姑姑，即尼古拉·伊里奇的小妹彼拉盖姬·伊里伊尼奇娜·万什科娃担当了他们新的法定监护人。她是喀山地区一位地主的妻子，喀山离雅斯纳亚·波良纳有几百俄里，孩子们必须搬到她的身边去住。

托尔斯泰兄妹在4年中连续失去了3位亲人，他们剩下的长辈只有彼拉盖姬姑姑和塔姬雅娜姑姑了。但是彼拉盖姬姑姑和塔姬雅娜姑姑相处得很不好，她们之间并没有公开的争吵，但彼拉盖姬的丈夫年轻的时候曾经向塔姬雅娜姑姑求过婚，遭到拒绝。彼拉盖姬不能释怀她丈夫旧日对塔姬雅娜的爱慕。

因此，塔姬雅娜姑姑不能和孩子们一起去喀山。她长期和孩子们生活在一起，无微不至地照顾他们，如今要生生地分离，这对她和孩子们同样是沉重的打击。但行期已定，任何人都无法改变。

1841年秋天，列夫·托尔斯泰13岁的时候，孩子们离开了生活了很长时间的故乡雅斯纳亚·波良纳，塔姬雅娜姑姑亲自把孩子们送到莫斯科。

小玛丽亚不愿意离开塔姬雅娜姑姑，在启程前躲了起来，人们找了很久才找到她。当人们把她抱上马车的时候，她眼望着姑姑大放悲声。托尔斯泰也哭个不停，他也不愿离开塔姬雅娜姑姑。

每年一到夏天，孩子们又都回到雅斯纳亚·波良纳来，和亲爱的姑姑团聚。

喀山位于莫斯科的正东，坐落在伏尔加河的中游。托尔斯泰兄妹们从雅斯纳亚·波良纳出发，先取道莫斯科，之后向东行进抵达尼日尼诺甫哥罗德，然后沿伏尔加河南下。沿途所见的城镇、村庄呈现一派凄凉的景象。尤其是楚瓦什人生活的地区。

托尔斯泰目睹了楚瓦什人在农奴制度和大俄罗斯主义的双重压迫下的悲惨生活。他们沿着伏尔加河零散地居住，贫穷得几乎什么都没有。男人们整天在大片土地上辛苦地劳动，几乎没一点闲暇；女人们照顾孩子们，到农奴主庄园去做仆役；不能动弹的老人只能待在破旧房屋的门口，眼睛间或转动一下，表示生命还没离开他的身体。

托尔斯泰兄妹们途中休息，在驿站住宿时选择到的最好的房屋也是破烂不堪、摇摇欲坠的小茅屋罢了。

到了喀山以后，托尔斯泰兄妹们开始了一种与以往不同的生活。他们并不和彼拉盖姬姑姑住在一起，他们在河边的一条街上租了一套房子，开始了独立的生活。

他们迁来喀山的时候，每人都有一个年龄相仿的小农奴服侍，和托尔斯泰在一起的是一个叫瓦努沙的孩子。这些仆役负责他们的日常生活、饮食起居。彼拉盖姬姑姑是一个仁慈，但并不是特别聪明的女人，她的丈夫很富有，这个家庭是待客和娱乐的中心。

姑姑整天忙于参加上流社会的各种社交活动，基本上没有时间来照管和教育这些孩子。

托尔斯泰的大哥尼古拉这时已经上了大学，为了和弟妹生活在一起，方便照顾他们，他从莫斯科大学转到喀山大学。他每天在忙完自己的功课以后，尽量抽出更多的时间来照料弟弟妹妹们。

在漫长的冬夜里，兄弟几个坐在壁炉旁边，看着闪闪烁烁跳动的火苗，听大哥尼古拉娓娓动听地讲神仙或鬼怪的故事，以至于小妹妹在深夜里也不愿回到房间，情愿坐在大哥的身边。

在大哥的关心下，托尔斯泰兄妹们度过了一个个快乐、温暖的冬天的夜晚。

当春天来到喀山的时候，大地上一片繁荣的景象。潮湿的土地上已稀稀疏疏地长出了黄茎绿叶的小草；流水在阳光下闪闪发亮，泥块和木片在水中打着旋儿；丁香树枝已出现殷红的颜色，枝上的蓓蕾已随风摇曳；小鸟在树间"吱吱叽叽"地叫个不停；篱笆因为积雪融化而现出苍黑色；湿润芬芳的空气和闪耀着欢乐的阳光似乎竭力向人说明新鲜美好的事物正在春天里茁壮成长。

托尔斯泰家的住房濒临伏尔加河的一条支流——喀山河，夏天的时候，托尔斯泰兄弟们常去河里游泳。他们有时还到彼拉盖姬姑姑的领地潘诺沃去住上几天。这个村子距离喀山不到 20 俄里，坐落在伏尔加河右岸，是个风景如画的地方。

兄弟们经常举行野餐，但托尔斯泰对喝茶聊天不感兴趣，他常常一个人躺在白桦树林中的草地上，望着天空中流动的云彩，看着它们变幻莫测的形状，又展开了联想的翅膀，进入自己的梦境。他还对钓鱼特别感兴趣，他常找一处伏尔加河转弯洄水的地方钓鱼。

有一次，他在河岸的一处钓鱼，一手拿着黑面包，一手拿着当鱼饵用的蚯蚓。他一边看着水面，一边吃着面包，竟然不知不觉地把蚯蚓塞进了嘴里，等他感到一股土腥味时，才发现蚯蚓已经在嘴里了。

托尔斯泰晚年的时候，还常常讲起在潘诺沃庄园的趣事。比如，有一次，人们在庄园里游玩，来到了一个很大的池塘沿边，托尔斯泰为了使几位来做客的小姐"震惊"，并能赞赏他的"英雄行为"，没有脱下外衣就跃入池塘，向对岸奋力游去。但刚游到池塘中心就游不动了，他筋疲力尽，开始下沉，岸上的人一阵惊慌。恰巧岸上有一群在捆草的农妇，她们闻讯赶来，用草耙把托尔斯泰拖上岸来。

托尔斯泰在这儿又度过了一段快乐的时光。潘诺沃给他留下的印象是深刻的，以至于后来，他在著名的长篇小说《复活》中保留着原有的名字，以潘诺沃为底本描绘了一处地主领地的自然风光、地主的生活以及农民的劳作状况等。

1843 年，托尔斯泰的二哥塞尔盖和三哥德米特里同时考上了喀山大学。托尔斯泰也准备报考喀山大学，他想成为一个外交家，准备进东方语言系。他这样选择是有原因的：

首先，这与家里人的影响有关。在托尔斯泰很小的时候，那时祖母还没有去世，有一次祖母和几个孩子坐在一起谈话，谈到前途的问题。

祖母认为，尼古拉适合于做军官；托尔斯泰有外交家的风度，只需穿上一件黑色礼服，便会是一个地地道道的外交家。她认为，外交家只要有迷人的风度、适体的衣着就会使人折服，从而在处理各种关系时便会游刃有余。

从那以后，家里人就常常戏称托尔斯泰为外交家。托尔斯泰并不清楚自己到底是不是有外交官的风度，但他认为自己学习语言的能力很强。他精通法语、懂英语和德语，所以学习东方语言，如阿拉伯文和土耳其鞑靼文也不会有什么困难。

其次，托尔斯泰选择东方语言专业也与 19 世纪 40 年代俄国的社会政治局势有关。那时，俄国的疆土只限于欧洲东北部的一小块地方，北濒北冰洋，长年封冻，几乎算是没有出海口。

18 世纪初，彼得大帝从瑞典夺得了波罗的海沿岸地区，打通了通往西欧的通道，并且在涅瓦河畔建立了新的首都圣彼得堡。这位彼得大帝野心越来越大，还准备吞并黑海地区，进一步取得通往地中海的出海口，但经过几次远征，都是惨败而归。

后来历代的沙皇都为完成这个夙愿，竭尽全力，继续着侵略扩张活动。到了 18 世纪末，俄国已经从土耳其那里取得了里海和黑海北部的大片土地。

19 世纪三四十年代，沙皇政府为了解脱国内的政治危机，分散人们的注意力，筹备了新的侵略扩张计划。它拟定的三条侵略路线是：第一条是向东行进，吞并中国北方的领土，这包括后来的西伯利亚、新西伯利亚和贝加尔湖以南，以及库页岛，把俄国的势力一直推进到太平洋地区；第二条路线是向东南进军波斯和阿富汗，占领印度洋地区；第三条是从土耳其手里夺取巴尔干半岛，直接控制地中海，为统治整个欧洲做准备。这样一来，所谓"东方"问题便成了当时俄国政治界和外交界的热门话题。

喀山位于俄国东部，地理位置极其重要，是三条侵略路线的交叉点，是进军的必经之地。而喀山大学又以培养通晓东方语言的文化人才而享誉整个俄罗斯帝国。这个学校集中了精通波斯语、蒙古语、满族语、土耳其语、阿拉伯语的专家教授，以东方语言系为自己的骄傲。因此，托尔斯泰既已决定将来从事外交活动，就很自然地选择了东方语言为自己的专业课。

托尔斯泰很早就开始为入学考试做准备，因为考试的科目很多，有历史、地理、数学、俄国文学、逻辑学、拉丁文、法语、德语、英语、阿拉伯语和土耳其语。尤其是阿拉伯语和土耳其语他一点儿也不懂，需要从头学习。

托尔斯泰一共准备了两年半时间，但实际上并没有很努力地学习，因为枯燥的课本知识激不起他的兴趣，他把大部分时间都用以阅读各类文学作品。

托尔斯泰在晚年的回忆录中曾经说过，在他 14 岁以前，对他影响最大的书籍是《圣经》中的约瑟的故事，《天方夜谭》中的《四十大盗》和《卡马拉萨曼王子》，各种俄罗斯民间传说、普希金的故事集和他的诗《拿破仑》，以及波戈列斯基的童话《黑母鸡》。他喜欢简短、自然和真诚的艺术风格，所以，这些作品让他爱不释手，对他今后的写作有着深刻的影响力。

在准备考试的学习期间，托尔斯泰还大量阅读了当时很流行的法国浪漫主义小说，如大仲马的《基度山伯爵》、欧会·苏的《巴黎的秘密》等。

一个夏天，他就读了有100多本。尽管这些浪漫主义的小说描写的人物或事件都充满传奇色彩，与现实生活相差很远，但少年的托尔斯泰依然看得津津有味，完全沉浸在充满离奇幻想的故事情节中。

他不仅没有怀疑作者的虚幻构想，而且他在读小说的时候，竟一点儿也不曾想起过作者，只觉着书中的人物、景象山川，以及各种场面都栩栩如生地展现在眼前，一个个、一排排活灵活现的。他本来的生活中没有也不可能出现那样的人物，那样的事件，但托尔斯泰却毫不怀疑生活中会有那样的人和事，并坚信自己将来一定会遇到。

那些小说中的人物性格都比较单一：好人无以复加的好，身上没有任何一些瑕疵；坏人就是极端恶劣的强盗、流氓、恶棍和伪君子。这种描写恰恰符合没有一点社会经验的托尔斯泰的口味。

与此同时，托尔斯泰也把自己融入了小说的情节之中，他常常发现自己与小说中的人物形象很相似，包括坏人。他更希望自己能成为里面的英雄一样的人物，因此不仅在思想气质上学习他们，甚至在外貌上也力争与那些英雄人物保持一致。

有一次，他看到一部小说，发现里面的主人公生着一双浓眉，精神气质与自己完全一样，他自己缺少的只有那双浓眉。为了自己也能有那样一双眉毛，托尔斯泰用剃刀对着镜子把眉毛剃掉一些，以便长出来后会很黑很硬。不料，眉毛剃得太多了，差不多都秃了。他感到很难为情，害怕别人问他眉毛到哪里去了。

最后他想出了一个自以为很好的办法，弄来一些火药，把它涂在眉毛上，用火点燃。这样的话，他就有理由回答说，他不小心弄着了火药，烧光了眉毛。不幸的是火药涂得太多了，一下子竟烧伤了面部。但值得庆幸的是事后脸上并没有留下疤痕。

而且后来，果然眉毛生得很深很浓，但是那时，托尔斯泰早已经把那位英雄忘得一干二净了，早已对他不感兴趣了。

大量地阅读浪漫主义小说，使托尔斯泰的想象力得到了很好的发展。他每天早晨很早就起床，带着一条浴巾和一本法国小说到离家不远的喀山河边去。

他先在河里洗上一个澡，然后躺在岸边白柳树下的草地，拿起小说，不久他就与小说中的人物一起去旅游探险了。看得累了的时候，他就眺望被风吹皱了的淡蓝色水面，对岸金黄色的无边无垠的燕麦田被金色阳光照耀后闪着耀眼白光的桦树林。

他尽情地享受着周围无限美好的大自然的清新和旺盛蓬勃的生命力。有时天空中布满了白色的云朵，托尔斯泰便站起身来，在空地上来回地走动，早晨清凉的露珠打湿了他的头发、他的脸颊和脚上的靴子。

这时，小说中的英雄人物就在他的头脑里活灵活现起来，跟托尔斯泰本人合二为一。时而是一个统率千万士兵的无敌大将军，在广袤的战场上征战厮杀；时而又是一位讽谏刺上的命臣，在朝廷上挥斥方遒、慷慨陈词；时而又是一位少年英豪，有一位美丽动人的情人。

想到这儿的时候，托尔斯泰就会不由自主地环顾四周的树林，带着几分惊恐、几分不安，希望在面前的空地上或远处的丛林深处会突然出现那位姑娘，对英雄佩服得五体投地的美人。

生机盎然的大自然深深地诱惑着这位少年，在他的心灵里唤起了积极向上、勇于进取的热情，他满意现在的生活，并憧憬未来，对未来寄予无限的希望。

在这里有菩提树下淡紫色的林荫路，小溪中淙淙的流水，花园里鸟雀愉快的叫声，窗缝里蠕动的、被阳光照得通体透明的虫子，雨后空气的清香。这一切似乎都在向这个精神焕发的少年预言：你将来会成为一个好人，定会得到幸福。

在少年托尔斯泰的想象中，美、善和幸福是融为一体的、永不可分的。他希望自己未来的生活是美好的，并且是人人美好、人人善良，永远没有丑恶出现。

这种幻想看起来像少年纯真的理想，但在以后的日子确实影响着托尔斯泰的思想。比如他希望进大学以后，每个月从自己的 25 卢布生活费中拿出 1/10 施给穷苦的老人和儿童。他将要自己收拾房间，负责自己的日常生活，不再使用仆役，在他看来，仆役是和他一样的人，应给他们以自由。

这个时期里，托尔斯泰的心情处于最佳的状态，他精神振奋，热情高涨。他认为这是他一生中继莫斯科之行后的又一个新的转折，他觉得一切都充满光明，积极向上。

60 多年以后，当托尔斯泰已是一个耄耋老翁的时候，他对自己这个时期的生活仍然记忆犹新。他以赞赏的口气回忆道："我记得，我 14 岁的时候突然觉醒了，摆脱了童年时期对别人见解的顺从，在这之前我一直是那样生活的，而这时我第一次明白我应该独立地生活了，选择自己想走的道路。记得我当时尽管还很懵懂，但已经深刻地感到我的生活的主要目的是做一个好人，做一个传递福音的好人，就是要有自我牺牲和博爱的精神。记得我当时就试图这样生活。"

托尔斯泰从小就生活在贵族地主的家庭，作为一个贵族子弟，他无力抗拒周围的人自觉不自觉地输送给他的那些自私自利的、以自我为中心的思想，因此他也怀疑起自己确立的人生理想。

于是他的第一次觉醒很快就被非常明确的各种各样的出人头地的愿望所代替，比如，他想要做一个显赫的、有学问的、有名气的、有钱有势的人，这就是他心目中想的所谓的好人，而且不单单自己这样认为，别人也有同样的想法，受到一切人的尊敬和崇拜。

他希望人人知道他、人人都爱他。他希望人人听到他那响亮的名字后都心儿颤抖，也希望人人都五体投地地折服于他，对他感恩戴德。他还要当一位有名的学者，不仅在全俄罗斯而且在全欧洲乃至全世界都闻名。

他准备进入大学后努力学习，每年都考第一名，然后跳入三年级。18岁大学毕业，以第一名的成绩获得学士学位和两枚金质奖章。然后升上硕士，接着再通过博士学位的考试。想到这儿的时候，托尔斯泰又立刻责备自己的这样幻想是骄傲、是罪孽，晚上必须向神甫去忏悔。

但自由的意识，令人憧憬的春意都会让托尔斯泰兴奋不已，他简直无法控制自己，也没有心思准备考试。

有时，他一早晨都在教室里复习功课，而且清楚地知道自己必须用功，还有两道题没有做，但他突然闻到窗外飘来一股春天的气息，仿佛有什么往事必须立刻回忆，一会儿都不可以耽搁。

有时，晚上独自坐在屋里，秉烛夜读，为了剪烛花或改变坐的姿势，他放下书本，看见屋角处是黑漆漆的，屋子里鸦雀无声。这时，托尔斯泰又无法静下来，不能不倾听这片寂静，无法不从打开的门里张望黑暗的屋子，不能一动不动地待上好半天，或者下楼穿过一个个空房间。

在月光溶溶的晚上，托尔斯泰定要从床上爬起来，躺到通向花园的窗台上，凝望月下沙波什尼科夫家的屋顶，凝望他们教区庄严的钟楼，以及栅栏和树丛落在花园小径上的阴影。他常常逗留好久好久，以致第二天早晨10时都醒不过来。

因此，要是没有继续辅导他功课的教师们，要是没有大哥尼古拉的严格看管，要不是为了在家人朋友的面前显得很有出息，也就是说，考试必须取得优异成绩，要不是为了这一切，春天和自由就会使托尔斯泰忘记学过的一切。

1844 年 5 月到了，大学的入学考试开始了，因为托尔斯泰并没有全身心地准备考试，所以成绩并不十分理想。法文考试优等；德文、阿拉伯文和土耳其文，优；英文、逻辑、数学和俄国文学，良；可他不注意的拉丁文，还有历史与地理完全失败，得了最低分。对于历史，他说"我什么都不知道"，而地理则更差；他补充说，"他们要我列举法国的海港，可是我连一个也列举不出来"。

暑假完了以后，他得到允许，补考那些不及格的科目，这次考试全部及格了。补考及格，托尔斯泰终于被喀山大学东方语言系录取了。

进入喀山大学学习

1844 年 9 月 20 日，16 岁的托尔斯泰身穿闪着光泽的黑呢制服，头戴三角礼帽，踌躇满志地走进了喀山大学东方语言系土耳其语阿拉伯语专业的课堂，开始了大学生活。

现在托尔斯泰再也没有家庭教师的约束，却有了一辆四轮轻便马车，腰上佩着一把短剑，警察也会向他毕恭毕敬地行礼。他感到十分自豪，他觉得自己已经长大成人了。

托尔斯泰初到大学的那天是个阳光灿烂的日子。他刚一走进教室，便觉得是落入了一个沸腾的海洋。年轻快乐的大学生在各个教室门口和走廊里进进出出。

当然，融入这个大集体中是一件很愉快的事，不过，在这些人中，托尔斯泰并不熟识多少人，而且少数认识的也只限于点头之交。在他的周围，人们握手、拥抱、交谈、欢笑，十分友好。到处都令人感到那种温暖的关系，但令托尔斯泰伤心的是他发现那里并没有他的份，他很有些恼恨的情绪。

尽管这样，他还是找到了他的圈子，他坐在第三排，那儿有几个男爵、伯爵等，但从那些人的神气看来，他们并不十分欢迎托尔斯泰。

后来，教授走进来了，大家骚动之后便鸦雀无声了。本来，托尔斯泰希望教授的讲课自始至终都应该很精彩，但是结果让他大失所望，于是，就在精美的笔记本的"第一讲"标题下画了 18 个侧面头像，组成一个花圈，只偶尔在纸上移动一下手，让教授以为他在记笔记。

从第一堂课开始，他就坚信，把每位教授讲的东西都记下来不仅没有必要，简直是很愚蠢的。直至他结束学习生活时，他还是这样认为。

几天之后，托尔斯泰不再感到那么孤独了，他结识了不少新同学，跟他们握手、谈话，但他在心里感觉到并不能和他们真心地接近。他同那群贵族合不来，因为托尔斯泰对他们"粗野无礼"，要他们先行礼，他才还礼，而他们显然不太需要结交托尔斯泰。

除了贵族子弟以外，还有一类学生是平民。他们之间分化出不同的集体。贵族子弟出身高贵，生活富裕，衣着华丽，举止文雅，能讲一口流利的法语，但大多数都庸俗不堪，徒有其表。

平民学生多出身于下级职员、小商人、手工业者、低等神职人员家庭，经济上比较贫困，都是公费生。他们外表比较粗野，说话从不咬文嚼字。

他们住的房间比较脏，衣着也不甚讲究，不修边幅，留着粗硬的短发和从未刮过的浓密的胡须，但他们大多勤奋好学，努力上进，因此知识渊博，成绩优异。

托尔斯泰整天穿着整齐漂亮的制服，上学放学都有马车接送，有仆人随时侍候，而且有时他为了能博得同学们的好感，吹嘘伊凡·伊凡内奇公爵是他的亲戚，结果适得其反，同学们对他更冷淡和傲慢了。

托尔斯泰由于比较重视自己的出身而看不起那些平民学生，又由于贵族意识而不愿意承认自己在学识和智力方面不如那些出身低贱、小时候并没有受过良好教育的学生。

　　但有一次，托尔斯泰想要显示一下自己"渊博"的学识，特别是在法国的浪漫主义文学作品方面，于是和一些同学谈起了这个话题。结果却使他十分震惊：虽然这些人不能用法语正确地说出外国的书名或作者们，但他们读的书却远比他多得多。他们不仅读过托尔斯泰连听也没听过的法国作家的作品，而且还十分熟悉英国文学，甚至西班牙的作家及作品。

　　托尔斯泰所熟悉的大仲马、欧仁等，他们却大加讥讽，被贬得一钱不值。他们的文学见解、文学批评是相当的精辟与透彻，不能不使托尔斯泰叹服。

　　在音乐修养方面，托尔斯泰也吃惊地发现，那些被认为是笨手笨脚的平民学生演奏起乐曲来是那么优美流畅。

　　总之，除了能说流畅的法语之外，托尔斯泰没有任何其他方面比得上这些平民学生的。

　　托尔斯泰还有什么可骄傲的呢？自备马车、葛布衫衣、涂着指甲油的长指甲吗？托尔斯泰心里承认平民学生在精神上高于贵族，但平民学生粗陋简朴的外表还是令托尔斯泰不能毫无芥蒂地接近。

　　托尔斯泰曾结交过一位公费学生，他叫奥彼洛夫，是个谦虚用功、很有才华的学生。他同人握手时，并不弯手指，总是僵在那里一动不动，像块木板，因此爱开玩笑的同学有时也这样同他握手，并戏称为"木板式"握手。

　　托尔斯泰有一段时间总和他坐在一起，和他交谈。奥彼洛夫对教授们有十分独特的看法，能明确地评定每个教授讲课的优缺点，有时甚至取笑他们。从他嘴里说出来的话，对托尔斯泰有着非同寻常的作用。

　　虽然奥彼洛夫不十分喜欢教授们，但他还是十分详细地用细小的字体把全部讲义记录下来。托尔斯泰决定和他一起温习功课。当托尔斯泰坐在他身边的时候，奥彼洛夫总是用他那双愉快的灰色小眼睛瞧着他。

但是有一次交谈中，托尔斯泰偶尔向他说明，家里人不愿意让他上公立学校，因为公立学校的学生尽管有学问，但都缺乏教养。这些话深深地刺痛了奥彼洛夫，从此上课时他不再先同托尔斯泰打招呼了，也不把"木板"让托尔斯泰握了，也不同他交谈。

当托尔斯泰坐到他旁边的座位上时，他就把头扭向一边，离笔记本只有一指距离，假装看笔记。奥彼洛夫的冷淡使托尔斯泰感到奇怪，并且也很伤心，但对一个上等家庭的学生，他不会主动去巴结一个公费生的。

因此，他们开始互相不理睬，并且有时还为一件微乎其微的小事争吵几句，不过，临考试前，托尔斯泰需要笔记，奥彼洛夫还是信守诺言，把他的笔记本借给托尔斯泰，并且邀他一起温习功课。

在上大学那一年的冬季，托尔斯泰作为一个大学生和有地位的青年，进入了喀山社交界。喀山市是伏尔加河中游和卡马河流域的中心，非常繁华。

这一带自然条件十分优越，物产丰富，贵族地主们都过着奢侈的生活。每到冬天，外县和附近省份的一些地主携家带口聚集到这里。因此上流社会的交际活动十分活跃，舞会、宴会以及其他活动接连不断，规模极盛大。

贵族大学生几乎都是这类活动的中心人物，他们以华丽的外表，矫揉造作的举止言谈吸引太太小姐们的注意。当然，这种活动是平民学生不能问津的。因为托尔斯泰的祖父当年曾当过喀山省省长，还存留着一些影响，因此许多富户豪门对年轻的托尔斯泰很客气。

托尔斯泰出没于所有的舞会、晚会和贵族的宴会，在每个地方都是一个受欢迎的人，总是在跳舞。可是他绝不是一个善于交际的男人，他以一种奇怪的笨拙与羞怯而出名。

1845 年狂欢节的时候，他和哥哥塞尔盖担任了两出为慈善事业而演出的戏剧里面的角色，演得很成功。尽管托尔斯泰的同学扎戈斯金说他"德行败坏"，而很讨厌托尔斯泰，但托尔斯泰却不觉得交际活动令人厌恶。相反，他很高兴当时在喀山社交界的消遣。

托尔斯泰很感谢命运，认为最初的青春是在一个年轻人可以快乐地生活而不致越轨的环境里度过的，虽然当时的生活是懒惰奢侈的，然而并不是有害的。

由于托尔斯泰的业余时间主要用于参加社会活动，所以课下很少有时间学习功课。但就是在课堂上，他也并不是个好学生。

上课的时候，他经常坐在后面的座位上，在教授平缓的声音里，幻想着什么，或者观察周围的同学。他还喜欢喧闹的课堂，因为这时他可以和一两个要好的同学趁乱溜出教室，或到河边散步、闲谈，或到酒馆里喝酒。

回来的时候，总是蹑手蹑脚地推开门，弯着腰溜了进去。下课的时候，学生们聚集在教室门口，托尔斯泰也偶尔加入进去，做别人意料不到的动作，或说别人没听过的笑话，引得周围的人开怀大笑。

冬天不知不觉地过去了，积雪开始融化，大学已贴出考试日程表。这时托尔斯泰才想到，他要考18门功课，这些功课曾经听到过，但都没用心听，也没有做笔记，一门功课也没温习过。

奇怪的是，对"怎样考及格"这样的问题，托尔斯泰却从来没想过。那年冬天他为自己已长大成人并成为了体面人而得意忘形。当同学们开始收集笔记本，三五成群地温习功课时，他也想到该复习功课了。

他向奥彼洛夫点头致意，虽然他们之间的关系仍然十分冷淡，但奥彼洛夫还是把笔记本借给了托尔斯泰，而且请他和其他同学一起温习功课。

但是，很多内容他不明白，而别的同学对此早已了如指掌，托尔斯泰落在同学们后面很远，又无力追上他们，只好装做在听并懂了他们所念的东西。同学们遇到自己不懂的地方，从来也不问托尔斯泰。

由于享乐的时候浪费了很多时间，并且也没有认真地复习功课，所以托尔斯泰期末考试的成绩很糟，阿拉伯语得了 2 分；文学史缺考。鉴于托尔斯泰第一学期有一门功课没有成绩，所以学校不准他参加学年末的升级考试，决定让他留级一年。

这对他来说，无疑是一个沉重的打击。他一连 3 天没有走出房门，谁也不见，像小时候一样放声大哭。还到处找手枪，扬言要自杀了事。生活中自尊心受挫的痛苦时刻又一幕幕地出现在他眼前；他竭力把自己的失败归咎于别人，他埋怨教授，埋怨同学，埋怨家里人不该送他进大学。

最后，三哥德米特里安慰他说，事情虽糟，但还是可以补救的，只要转到另外的系就行了，在新同学面前不会感到害臊。3 天以后，托尔斯泰的心情渐渐平静下来，但是直到离开喀山回雅斯纳亚·波良纳度假之前，他始终回避着外人，不让别人看见自己的痛苦。

托尔斯泰在大学读书期间虽然学习成绩不佳，但思想成熟得却很快。这位渴求了解认识人生真谛的青年，一直在不断地探求着。

1845 年谢肉节的时候，托尔斯泰在喀山贵族女校校长扎高斯金娜的家里结识了德米特里·季雅科夫。他们很快结下了深厚的友谊。季雅科夫比托尔斯泰年长 5 岁，但年龄的差距并没有影响到他们的友谊。

季雅科夫长得并不好看，一双灰色的小眼睛，低平的前额，四肢不匀称。他身上美的地方只有魁伟的身材、鲜嫩的脸庞和漂亮的牙齿。但他的炯炯有神的眼睛和时而严肃时而欢乐的富于变化的表情，他特有的充沛的精力，使托尔斯泰深深地倾慕于他。

季雅科夫又很怕羞，一点小事就会使他面红耳赤，但他的羞涩和别人不一样。他的脸越红，他的神情就越果断，仿佛在战胜羞怯似的。

季雅科夫和别人谈话的时候，从来不喜欢谈论女人，如果有人暗示他爱上了某一位姑娘，他就会勃然大怒。他这种独特的谈吐、仪表，使托尔斯泰在和他初次见面时就发现他们之间有许多相似之处，为此很快对他产生了友好的感情。

托尔斯泰对季雅科夫产生了一种近乎崇拜的感情，爱他胜过世上的一切，称他为"奇异的米佳"。季雅科夫所说的一切，他都认为是至真至纯的东西，深深地铭记在心里。他们的心灵是那么和谐，一个人只要在心弦上轻轻一弹，就会在另一个人的心中发生共鸣。

从此以后两个年轻人只要有机会单独在一起，他们就会找一个舒适的角落议论起来，忘了一切，也不在意时间的流逝。他们谈论未来的生活，谈论艺术、公务、婚姻以及儿童教育等问题，从来没想过这在别人看来简直是一派胡言。但就是这些"胡言乱语"在两个人看来是有趣的，是个人智慧的闪光。

季雅科夫和托尔斯泰平等地相处，因为他们互相了解、互相尊重，但托尔斯泰情愿服从他。

在季雅科夫的影响下，托尔斯泰接受了他的思想倾向，这种倾向的实质就是热烈崇拜美德的典范，相信人生的使命是不断的自我完善。这两个朋友一致认为人类改邪归正、消灭自身的一切罪恶是轻而易举的事情，而自我完善，接受一切美德，做个幸福的人，更是易如反掌。

这些美好的思想以崭新的精神启示进入托尔斯泰还单纯的头脑中，他明白了他以前浪费了多少美好的时光，于是，他决心立刻改掉坏习惯，实行这些思想，并发誓永不改变。

但是，他的这种梦想是不是真的会实现呢？不能实现那又是谁的过错呢？

托尔斯泰和季雅科夫的友好关系一直持续至1891年季雅科夫去世。当然，青年时期的那种狂热情绪并没有持续很长时间。后来他们都长大了，各自成了家，但依然保持亲密的交往。

托尔斯泰的第二个儿子伊里亚出生以后，季雅科夫给他当了教父。托尔斯泰在自传三部曲中的《少年》、《青年》中详尽描绘了他与季雅科夫的友谊，只是在那里，他把季雅科夫改成了聂赫留道夫。

后来，托尔斯泰的其他作品中也不断出现聂赫留道夫这个人物，比如，在《支队中的相遇》中，在《吕西纳》中，在《复活》中，但这个名字是代表各种不同的人物。

再说托尔斯泰回到故乡雅斯纳亚·波良纳，他一方面在慢慢地缓解大学第一学年考试给他带来的苦恼，一方面认真地回顾自己与季雅科夫的交往，对人生使命和意义等重大问题进行思考。

他为了避开别人的干扰和妨碍，一个人住在一个侧楼里。每天早晨4时起床，自己照顾自己，不用仆役服侍。然后一个人静思默想，对头脑中出现的有生以来的各种印象、思想和欲望进行分析比较，企图再一次完善对人生和宇宙的理解。

不管托尔斯泰以前犯过怎样的错误，陷入了怎样的迷茫，但经过他的分析和自省，在他面前展现了道德完善的无限可能。他紧张的思索不停息地运动着，他有时在梦中见到了伟大的真理，因而惊醒，欣喜若狂，心情久久不能平静。

为了更好地更理智地思考人生、未来，为了使自己的头脑更加清晰，托尔斯泰开始阅读一些伟大哲学家的著作。这时期对他影响最深的是18世纪法国启蒙主义哲学家卢梭。托尔斯泰阅读了他的《忏悔录》和《爱弥儿》。

卢梭是一位资产阶级启蒙思想家，他要求个性解放，主张"天赋人权"，鼓吹"返于自然"、"返于自我"，通过自由、平等、博爱来进行社会改革。他热情歌颂那种"粗朴的，然而却是自然的"风尚和还没被人类文明破坏的大自然。

这种思想极符合当时托尔斯泰的思想情绪，他感到上流社会的歌舞升平的气氛，感到那里的虚伪和矫揉造作，为此他几乎失去了自己的纯洁与自由，所以他极希望远离尘世喧闹，来过一种与大自然融为一体的、淳朴简洁的生活。

于是他首先为自己设计了一件亚麻布长袍。这件袍子又肥又大，晚上可以当被盖，白天穿在身上时把下摆折叠起来，用扣子系在里面。他经常穿着这件袍子，赤脚穿着布鞋在田庄里散步，累的时候就躺在树荫下睡一会儿。

即使会见客人时，他也不更换衣服，他认为只要真诚、坦率对人就可以了，其他的所谓"礼貌"实在是不必要的，有时甚至是虚伪的。

雅斯纳亚·波良纳美丽的自然风光使托尔斯泰忘记了大学考试带给他的不愉快，经过一个假期的思考，他决定在开学以后开始新的生活。他再也不愿意在东方语言系学习了，因此，他向学校当局提出了申请。

1845年8月他转入法律系。在最初的几个月里，他不太念书，但在冬至以前他开始用功了，而且他这样做时发现了一些乐趣。他对比较法律和刑法发生了兴趣，关于死刑的讨论更特别地吸引了他的注意。

民法教授麦耶尔给了他一件使他专心致志的工作，这就是将孟德斯鸠的《法意》与叶卡捷琳娜二世的《法典》作一比较。托尔斯泰得出的结论是，《法典》里面混合了孟德斯鸠的民治思想和叶卡捷琳娜自己的专横和自负，而《法典》给予叶卡捷琳娜的声望比它给予俄罗斯的好处要多得多。

但这种研究却是他不等毕业就离开大学的主要原因。他对教授们讲的课程不感兴趣。他不论做什么事总是热情百倍地钻进去。他读过数不清的书，但总是在某一时期只读某一方面的书。

当他对一个题目发生了兴趣时，他绝不左顾右盼。他发现大学课程对于精通他想要懂得的问题实在是一个障碍。旧式教育已成为大学中各系共通的弊病，教学严重脱离实际，死板枯燥。教授们学究式的讲授成了学生们的嘲笑对象，学生们根本学不到什么实际的知识，听课仅仅是履行一种义务。

1848年5月，托尔斯泰顺利地通过了考试，可以选读二年级的法学。在考试前不久，他和一位同学曾经争论过谁的记忆力更好，于是他们各人默记一道历史试题的答案来做试验。托尔斯泰默记马泽帕的生平，碰巧历史考试中刚好出的是这道题，所以他很从容地得了5分。

在法律系的第二年，托尔斯泰常常缺课，因此在期中考试时，教授们都因他的偷懒而给了他极差的分数。

虽然托尔斯泰的学习成绩一直没有提高，但这并不是因为他沉湎于社会活动而浪费的时间的缘故。他自从东方语言系转到法律系以后，就每天都有计划地按照自己的想法进行学习。

他开始每天记事，并且订出第二天的时间计划，检查当天完成的情况。一般情况下，他每天都有三个方面的活动：学校里的功课；自修的外语，如英语、德语和拉丁语等；另外还有课外阅读，如读歌德的《浮士德》，果戈理的《死魂灵》和《钦差大臣》等。

每天他的时间安排得紧紧的。此外，托尔斯泰还制定了各种生活准则，用来规范指导自己的行动。

根据这些准则，托尔斯泰在生活和学习方面都有很大变化，但仍然没有达到所设想的那种完善的程度，尤其在功课方面。那主要是由于他没有完成给自己规定的一切。

年轻的托尔斯泰不断为自己制定各种各样的准则，如"锻炼毅力原则"、"生活准则"、"一般准则"等，他期望用这些准则来约束自己散漫的性格，以达到自己的生活总目标。

他认为，如果一个人没有找到自己的生活目的，那么他将是世界上最不幸的人。一个人不管开始了哪一种精神活动，如果没有完成，就一定不要放弃它，因为这种态度会导致放任自流。

那时，年轻的托尔斯泰的生活中的高尚目的就是："不要去注意人们的赞扬，要多自省自责，少考虑别人的意见；要做一个好人，并且努力使别人都知晓你是一个好人。任何时候都要在别人身上发现优点，而不要去找他坏的方面。任何时候都要说老实话。要鄙视财富、荣誉和不以理性为基础的社会舆论。你要尽一切可能做一个有益于祖国的人！"

关于怎样做才能使自己成为一个对祖国有用的人，托尔斯泰在当时还不能独立解决这个问题，他求助于哲学大家们的回答。在大学学习的后期，他对哲学的兴趣空前高涨起来，他继续阅读卢梭的著作，他认为这些哲学著作不但能丰富人的知识，而且可以实际运用这些知识，能解决迫切需要解决的人生问题。开始一边阅读哲学著作，一面写心得笔记。

到 1846 年夏天，托尔斯泰已经写了 3 本哲学笔记，其中包括 9 篇论文，如《就卢梭讲演录的哲学札记》、《论哲学的目的》、《论未来的生活》等，在这些文章中，集中地表述了他青年时代的哲学见解。他认为一个人不应该到外部世界中去寻找幸福，也就是不应该在外部世界偶然的愉快印象中寻找，而应该在自我的心中寻找幸福，就是使自己在道德上不断完善，超越周围的丑恶现实。

1847 年 3 月 11 日，托尔斯泰生病住进了医院。在住院期间，他感到了前所未有的孤独，但一个人的处境使他能更深刻地认识自己、分析自己。

托尔斯泰渐渐清楚地认识到，大多数上流社会的人认可的年轻人的放荡生活，实际上是早期精神堕落的结果。

为了更好地记录下这些一闪即逝的思想，托尔斯泰从这一年的 3 月 17 日开始在医院里记日记。他一边分析着自己，一边记下自己的感受。他没有料想到，记日记竟成了他一生的习惯，一直到逝世前的第四天为止，63 年来他很少间断过。

托尔斯泰认为他从法律系的课程中没有学到任何有用的东西，鉴于这种情况，他准备离开学校。另外他的哥哥塞尔盖这时已完成学业，准备毕业，这件事更加深了托尔斯泰对大学的不满。

刚好这时他们兄妹几个所继承的产业已经分配完毕，托尔斯泰继承了雅斯纳亚·波良纳和另外 4 个田庄，大约有 2580 公顷田产和 330 个农奴以及他们的家属。

这时一种对他们的福利的责任，吸引着托尔斯泰回到雅斯纳亚·波良纳去。最后，他终于没等到 5 月的考试，在 1847 年的复活节过去之后，就请求退学，说是由于"健康不佳和家事的关系"。

4 月 14 日，学校当局批准了托尔斯泰的申请，同意他退学。4 月 23 日，他接到批准通知书后，当天就告别亲友，离开了喀山。5 月 1 日，托尔斯泰又回到他"生于斯，长于斯"的故乡雅斯纳亚·波良纳，开始了崭新的生活。

失败的农业改革

托尔斯泰兄妹都已长大成人，大哥尼古拉在高加索当军官，二哥塞尔盖和三哥德米特里都已经大学毕业，只有托尔斯泰没有念完大学，小妹玛丽亚虽然尚未满 18 岁，但已准备出嫁了。所以，这时候他们决定分配家产了。

分家的时候，按照习惯，把他们住的地方雅斯纳亚·波良纳分给了托尔斯泰。托尔斯泰之所以要这个领地，主要是因为他生在这里，他的亲人，特别是他的母亲，都在这里住过，这里的一草一木对他来说都是极其宝贵的爱的见证。

1847 年 7 月，在托尔斯泰回到雅斯纳亚·波良纳不久，哥哥们和妹妹也都陆续回来了。7 月 11 日，他们一起在图拉法院办理了分配家产手续，分别在手续上签了字。离开之前，他们在雅斯纳亚·波良纳团聚了几天。

白天，他们一起到庄园附近的山林里散步，童年的时候，他们一起到老扎兹树林里找过神秘的绿棒，一起在山上打过野兔，一起在白桦树下喝茶野餐。

晚上，大家又像小时候一样围坐在壁炉旁边，听大哥尼古拉讲高加索的战争生活，这情景让兄妹们觉得又回到相亲相爱、纯洁无瑕的童年。

相聚的日子很快地过去了，几天后，哥哥们都离开了家园，妹妹玛丽亚也在 11 月出嫁了。

留在雅斯纳亚·波良纳的只有托尔斯泰和亲他爱他的姑姑塔姬雅娜，托尔斯泰已不再是当年无忧无虑、纵情玩耍的孩童，而是一位年轻的农奴主了。

在正式开始管理田庄的时候，托尔斯泰还不满19岁，他要改善自己，要读书，管理他的财产，并且改进他的奴仆们的状况。

托尔斯泰从喀山大学主动退学，因而不能取得学位，这使他感到非常烦恼和失望，因此绝不要以为他离开喀山仅是为了生活得舒服或是不愿意学习。在决定在雅斯纳亚·波良纳居住以后，他列下了一个学习提纲，一方面为了发展自己的智力，一方面为了取得大学学位。

托尔斯泰从喀山大学退学，是想要自己在庄园里独立学习，摆脱大学里那种刻板教条、死气沉沉的风气。但是这个自修计划是如此庞大，在短时期内根本完成不了。当他不能实现它的时候，他一次又一次地集中精力为他自己拟订新的生活计划和学习课程，这些计划足足需要一个人的全部精力。

托尔斯泰在这一时期读了很多文学巨作，这些作品中有很多观点与托尔斯泰一生相随。他越到老年，对这些观点的信念也越坚定。

在这些作家中，对托尔斯泰影响最大的要数法国思想家卢梭了，他读过卢梭的全部20卷作品，包括他的《音乐词典》。他不只是对卢梭满怀激情，而且还十分崇拜他。

在15岁的时候，托尔斯泰贴身佩戴了一个有卢梭画像的纪念章，来代替东正教的十字架。卢梭的作品中有许多地方是他十分熟悉的，以致他常常以为那是他自己写下的呢！

还有一位作家对托尔斯泰一生也有很大影响，他就是英国作家狄更斯。

另外一个影响了托尔斯泰的作家是伏尔泰，虽然远不及前面两位，但在托尔斯泰很年轻的时候，伏尔泰对宗教的嘲笑不仅没有使他惊骇，反使他备感有趣。

托尔斯泰一生做事都很专心，这点也表现在他年轻时对读书的态度上。在他70岁时所写的《艺术论》一书中，对他21岁以前或者他

14 岁以前读过的书都给予了最高的评价。

当然，托尔斯泰在雅斯纳亚·波良纳庄园还有更重要、更现实的问题，即如何解决农奴制度的问题。他在离开大学以前就已经想到过这个问题了。

19 世纪 40 年代中期，俄国进步思想界代表广大农民群众的利益，明确地提出了废除农奴制度的要求。

1847 年 7 月 15 日，革命民主主义思想家别林斯基在给《死魂灵》的作者果戈理的公开信中写道："现在俄国民族最迫切的现实问题是：废除农奴制度，取消肉刑，尽可能严格地至少把那些已有的法律付诸实施。"

青年时期的托尔斯泰并不属于时代改革的激进人物，还不十分清楚地懂得农奴制度的不合理性。但是已开始意识到贵族与农奴之间存在着无法逾越的鸿沟。

他记得在他 17 岁的时候，他穿着普通的衣服，听到农奴叫他为"狗少爷"，于是他第一次了解到农民是如何憎恨，并蔑视地主老爷这些寄生虫。他独自一个人散步的时候，每逢遇见农民，他总是不由自主地感到强烈的不安，甚至想躲开不让他们看见。

成为了雅斯纳亚·波良纳的全权主人后，托尔斯泰进一步接触到农奴的悲惨境况。他每天到田庄里散步，亲眼目睹他们是过着怎样的一贫如洗的生活，疲惫不堪、精神萎靡的男人；瘦弱不堪、面色黄白的女人和孩子；特别是那些年老的农奴，皮肤粗糙，皱纹深陷，脖子、手臂青筋暴露。从他们的驼背和弧形的双腿可以看出，他们的一生是怎样在极其繁重的劳动中把身体压迫成了这样畸形丑陋的形状。

农奴生活的种种惨状使托尔斯泰震惊而且非常不安。他决定用自己的力量来改变农奴的命运，但这在当时是注定不能有什么成就的。

虽然我们绝不能把托尔斯泰的小说严格地当作自传体，但是《一个地主的早晨》却明显地说明了托尔斯泰对于改善他的农奴的命运所作的努力，和他在这个尝试的过程中所经历的困难与失败。在那部小说里，聂赫留道夫公爵 19 岁，在他读大学三年级的那个夏天回到自己的领地以前，写信给姑姑说：

我已经写信告诉过你，我发现事情是难以形容地混乱。要想把它们处理好，我发现主要的罪恶来自于农奴们的真正可怜的不幸的状况，而这种罪恶是只能用工作和耐心来补救的。只要你看看我的农奴中的两个，大卫和伊凡，以及他们和他们的家庭所过的生活，我相信这两个可怜虫的境遇，比我的一切解释都更能使你明白我的意图。

去关心这 700 个我必须向上帝交代的灵魂的福利，难道不是我的明白的、神圣的责任吗？假如我把他们丢给任性的长老和管家去任意处理，而去追随自己的快乐或野心，难道这不会是罪恶吗？既然我面前有这样一个崇高的、光辉的、亲切的责任，我何须在任何旁的地方去找我能够有用和做好事的机会呢？

不只是这封信好像是托尔斯泰自己写的，而且聂赫留道夫试图去改变农奴们代代相传的陈规陋习时所遇到的困难，也正是托尔斯泰自己所遭遇的。

聂赫留道夫决定帮助农民改善他们的生活状况和提高他们的道德修养，其最终目的不过是为了巩固地主的地位，这也是托尔斯泰本人青年时期的思想，他当时也坚持保护地主的财产所有权。

他后来回忆说："19 世纪 40 年代，在我们的阶层中还根本没有产生必须解放农奴的思想。继承对农奴的占有权还是天经地义的事；为了使这种占有权不发生动摇而能够做的一切，就是关怀农民的物质状况和道德状况。"

托尔斯泰在自己的田庄里采取了一些措施。他经常到村子中了解农民的生活情况，询问他们的要求，并及时给予答复或帮助。这些举动使托尔斯泰感到十分充实和无限快乐。

每天早上，他迎着朝阳到田野上、树林里散步，清凉的露珠弄湿了他的衣服、他的头发和他那张年轻的面庞，有时，他突然激动得想哭，这种生活太美好了，令人多么愉快！

但是，愉快的心情并没有持续太长时间，一年过去了，托尔斯泰的改革毫无成效。他购置了很多农业机器，有播种机、脱粒机等，都无法让农奴们接受它并使用它们，劳动生产率丝毫不见提高，农庄的经营状况也根本不可能会有所改善。

房屋破旧不堪的农民强硬地拒绝住进新建的砖房里。托尔斯泰给他们帮助，而他们总是怀疑这位"善心"的主人心里隐藏着什么阴险的目的，农奴对地主的敌意由来已久、根深蒂固。如果想通过仅仅给他们一点儿好处，就在短时间内迅速消除这种敌意，那在当时简直是天方夜谭。

托尔斯泰的农业改革失败表明，不推翻农奴制度，彻底地解放农奴，那地主和农奴之间的鸿沟就无法填平，也不能真正平等起来。

在《一个地主的早晨》这部小说中，有位农民就一针见血地指出了地主和农民之间不平等的实质。聂赫留道夫问他："为什么你们这么穷呢？"

农民答道："老爷，我们不穷又能怎么样呢？你自己知道，我们的土地是什么样的：黏土、沙丘，干旱得根本长不出粮食来，而且越来越少，好地全部归您所有，我们不穷又会怎么样呢？"

地主拥有良田，农民生活无靠，只有为地主服役才能得以糊口，他们几乎一无所有。他们贫穷的原因是缺少土地和受地主剥削。地主购买新机器，想提高生产效率，可这与他们有什么关系，对他们又能有什么好处呢？

因此，除了彻底解放他们，分给他们土地，其他的任何改革都是海市蜃楼，都不是他们真正想要的。

青年时代的托尔斯泰在改革的失败中明白了这个道理，但家庭的出身、生活的习惯以及头脑中固定的观念，都使他无法接受并采取果决的措施。直至多年以后，他才从根本上否定了土地的私人占有制，满足了农民的根本要求。

农奴制是一种极不合理的制度，农奴们在肉体上、精神上和道德上的需要是那么的迫切，而托尔斯泰改善他们的境遇的努力，却产生了那么可怜的结果。农奴们如此顽固，以致他的一切努力不但不能使他得到道义上的满足，反而只使他产生了一种疲倦、羞怯、无能和后悔混杂的感情。为了消除这种精神的苦闷，他开始迷恋音乐，有时一连好几个小时坐在那儿弹钢琴。但这也无济于事。

在雅斯纳亚·波良纳度过了两个夏天之后，托尔斯泰终于在1848年10月去了莫斯科，把这个冬天闲散地消磨在莫斯科的社交界。

其实，托尔斯泰初到莫斯科的时候是想准备功课参加副博士的考试，可是不久就被上流社会的社交活动所吸引。那时候，他独自一人住在莫斯科，没有工作，没有学业，也没有目的，生活没有规律。

我之所以这样生活，倒不是像许多人所说所写的那样，在莫斯科人人都这样生活，只是因为我自己喜欢这样生活。部分的原因则在于在莫斯科一个青年人所处的地位往往使他倾向于疏懒。我说的这个青年人，他本身具备有这样一些条件，这就是：好的教育、好的家世，外加上10000至20000卢布的收入。

具备这种条件的青年人生活当然是无忧无虑、愉快不过的了，如果他不去供职，而只是挂了名并且疏懒成性的话。所有的客厅都是对他开放的，所有的未婚女人他都有权去博取青睐；再没有任何别的青年在社会的公众舆论看来比他处在更有利的地位了。

从小性格活泼的托尔斯泰，到了青年时代却不止一次地用他那种种古怪和胡闹行为使亲友和熟人们感到惊异。有一次，托尔斯泰需要钱用，他就把自己打扮成背着手摇风琴的流浪乐师，并且从真正的流浪乐师那里借来了"乐器"，便径直来到阿尔巴特区佩尔费里耶娃母亲居住的房前，乞讨式地演奏开手摇风琴。女主人开始时一点也没有注意到他。后来人们告诉她这是个什么样的流浪乐师，他需要什么。她这才开心地大笑起来，打发这个"乐师"25卢布。

这年冬天，在莫斯科托尔斯泰交上了一帮"朋友"，这帮人引诱他去玩牌。他冲动、狂热，决定试一试。但他却不精于此道，往牌桌边上一坐，输了个一塌糊涂。他还在日记中写道，他非常喜欢那种"输钱的过程"。

尼古拉发觉他"挥金如土"，向他说明了危险，告诫他这样会把自己弄到破产的境地。没等弄清楚弟弟挥霍的原因，尼古拉就狠狠地数落了他一顿，称他为"最不值钱的小东西"。

这种他自认为很喜欢的生活，不久也令他十分厌倦，于是他在1849年年初离开了莫斯科，来到当时俄国的首都圣彼得堡，在那里准备进圣彼得堡大学的入学考试，并且通知尼古拉说他打算"永远留在"这个城市里。

托尔斯泰发现圣彼得堡的生活给了他最好的影响："它教会我如何行动，使我不由自主地更改了时间表；再不能够什么事情都不做了。谁都有事，谁都在奔走忙碌，你找不到一个人过着游手好闲的生活。"

在狂热的紧张之中，他花了两个星期的时间用功学习，结果考中了。

"我通宵不眠，终于在公民法和刑法这两门课上顺利通过了候补博士的分数线，这两门课中的每一门我都只用了不到一个星期的时间。"他后来回忆说。

5月1日，他给哥哥写信，抱怨在圣彼得堡这里没有什么值得做的事情，只是浪费了一大笔钱而已，他认为这愚蠢透顶。

还有在莫斯科欠下的债务，他也必须马上偿还，否则又会对他的名誉不利。

他认为他为自己的自由和哲理付出太昂贵的代价，却又无法摆脱这种虚伪可怕的处境了。本来，托尔斯泰已经在大学里考过两门课，但他又改变了主意，不想完成考试了，而是想进骑兵联队，当一名士官生，然后在两年期满以前被任命为军官。但不久，他又改变了主意，他认为战争的后果太严重了，他不能照这个计划做下去了。

1848年在圣彼得堡的时候，托尔斯泰是有两条路可走：进军队，去参加匈牙利战役；或在大学里完成学习，去服文职。但在他通过了两门考试以后，他求上进的决心又烟消云散了。春天到来的时候，乡村的诱惑又把他拉回了雅斯纳亚·波良纳。

托尔斯泰热情地致力于音乐，具备了足以使他成为一个出色的、能够很好配合的钢琴伴奏家的技巧，有一个时期他甚至明显地想要成为一个职业音乐家。对于音乐的影响，他总是最敏感的；他对音乐，也和对文学一样，有着强烈的爱憎。

塔姬雅娜姑姑年轻的时候，钢琴弹得很好，可是已经差不多30年没有弹过了。她现年53岁，又重新练习起来，托尔斯泰和她弹二重奏，她的演奏准确而且优美，使托尔斯泰甚是惊异。

托尔斯泰一生中涉足音乐领域的事情，以致人们很少有机会注意到从他青年时期到老年，音乐对于他的影响。

除了韦伯、莫扎特、海顿、舒伯特、舒曼、巴赫、肖邦、贝多芬的早期作品和维尼奥夫斯基以外，托尔斯泰还特别偏爱俄罗斯民歌，如《沿着我们的母亲河伏尔加河顺流而下》，偏爱哥萨克歌和军歌，以及那些茨冈人歌唱队常常唱的歌。

他断言茨冈民歌是真诚的，能打动听众的，因此是真正的艺术，即使它可能是比较低级的一种艺术。

1850 年至 1851 年的冬天，托尔斯泰大部分时间都在莫斯科居住，他这时就预先尝试了简单的生活，这是他晚年的一个突出的特点。

在这里，一种不可名状的写作冲动产生了，他开始构思《茨冈人生活的故事》，没等写完，他又着手另一部小说《昨天的故事》的创作。这是他创作的最初尝试。

1851 年 3 月，他回到了雅斯纳亚·波良纳，以后又去了莫斯科。他称自己去那儿有三个目的：玩纸牌、结婚和服文职。但这三个目标，他一个也没达到。姑姑劝说他别再玩纸牌以后，他就厌恶了赌博。

为孩子们创办学校

托尔斯泰很想让雅斯纳亚·波良纳成为一座美丽的村庄。可是他这个愿望却没有得到神的大力支持，他不断地失败，但他也不停地努力着、拼搏着。

托尔斯泰时常在心里默默祈祷着："万能的主啊！请给我一些力量，我将努力去做，并把努力扩展到小孩身上，而不只仅限于大人。"

在下一代里，孩子们身上背负着责任，他们可以把雅斯纳亚·波良纳建设成理想的庄园。如果真的把这个农庄变成了神圣的地方，那么孩子们就需要接受更好的教育，掌握更多的知识。

于是，托尔斯泰认为大人已经没有这方面的能力了，也就想到了为孩子们建一所小学。

在当时，雅斯纳亚·波良纳还没有小学，因此农民们的孩子没有机会上学，也就没有机会学习知识。况且他们的父母也没有读过书，认不了几个字，所以他们也就无法教育小孩子读书。

教会的神甫虽然识字，有时也会教孩子们一些知识，但是这样的机会是很少的，不是每个孩子都能够接受教导的。

由于这些孩子没有学校上，他们不是在家里照顾弟妹，就

是到草原上去牧马放羊，或是在家里帮父母亲干农活；也有许多小孩子，整天无所事事，在没有大人看管的情况下，竟学会了抽烟，无聊时还会互相打架。每当托尔斯泰看到这些情形时，就对自己说："这样不行呀！小孩子们不好好地读书，长期下去，长大之后就会成为无用的人。"

1849 年秋，托尔斯泰便下定决心想替孩子们建一所学校。于是，他召集了农民的孩子，让这些孩子来参观他的书房。

"你们看，书柜上有这么多书，这些都是我读过的书，一个人想要成为有用的人，就必须努力学习，用功读书。"

孩子们听到托尔斯泰的教导后，一颗颗黑亮的小眼中流露着企盼的目光，他知道这些孩子很想读书。

"那你可以教我们识字吗？"

"我当然是你们的老师，还为你们专门请了一位教师，不仅教你们认字，还可以给你们讲有趣的故事。"

"哇！那太好了！我们有学上了！"

当他们继续交流下去时，托尔斯泰的心蠢蠢欲动，办学校的信心更强了。

托尔斯泰认为凡是人类，不论是贵族或平民都应该是平等的，都可以接受学校教育。若只允许贵族的孩子上学，那对贫民的孩子是非常不合理的。

托尔斯泰在和孩子们谈话时，又考虑到，不论孩子的智商高低，应当都对他们进行教育，都让他们学到东西。

第二天，托尔斯泰在雅斯纳亚·波良纳为农民的孩子们办了一所学校。这所学校就在他的家，规模不是很大，只有 20 个学生，教师由老仆人福卡担任。他以前是家庭乐队的演奏员，有一定的文化，现在教孩子们识字、算术和《圣经》。

托尔斯泰也常常到学校里来。他给学生们编写过一套字帖，大多数都采用了格言的形式。学生反复临摹，弄懂了其中的含义，很快就背诵下来了。

托尔斯泰有时也亲自给学生们讲课，教他们用粉笔在黑板上写字，给他们讲解字帖的内容。他也常常和孩子们一起做游戏。有一次，他和孩子们在池塘里划船，划到池塘中央的时候，托尔斯泰对孩子们说："谁敢跳下水底拿一些泥巴上来？"

孩子们说："您先试试。"

托尔斯泰就潜入水中，不一会儿他钻出了水面，手里拿着一些泥巴。秋天，他带着孩子们去打猎，在沃隆卡河岸张网捕鸟。

托尔斯泰爱这些学生，学生也爱老师，他们似乎成了好朋友，这对学生求知是非常有利的。

然而，好景不长。有位孩子的父亲突然来到了学校，对托尔斯泰说："孩子在您这里，我希望您不要把他们给教坏了。"

托尔斯泰听到这句话，感到非常吃惊，想不到家长竟会这样说，不解地问道："什么叫作教坏？"

"因为您教孩子们读书、识字，这些孩子就变得神气起来。"

"他们学知识、读书，这是好事，难道你不希望自己的孩子成为一个有用的人吗？"

"就算我们希望又有什么用呢？我们作为农奴，孩子以后自然也只有当农奴的份，书读得再多也改变不了这一局面呀！"

"你这样肯定，也许有一天事情不像你想得那么糟。"

"不，我们知道，农奴永远都是农奴，小佃农永远都是小佃农，即使出现了天翻地覆的变化，也无法像少爷一样成为贵族，我们世世代代都过着农奴的生活可以证明这点。"

这位父亲说完后，脸上更显得无奈，似乎皱纹也比以前多了。

"可是，孩子们确实需要读书呀！"托尔斯泰郑重地劝他说。

"贫苦人的孩子牧马放牛比较适合。"

"这些可以不放弃，但是孩子们还可以一面工作，一面读书呀！"

"这万万不可，因为他们读了书后，就变得神气起来，就不愿去做这些事了。"

农民有这样的想法，已经让托尔斯泰感到惊讶了，连政府的官员也这样认为，这让他很伤心。

托尔斯泰极力反对这样的观点，他认为农民的贫穷与未接受教育有关。他认为农民应该接受教育，从而改变生活状况。他之所以要办学校，其目的也就在此，一定得把这些农民的孩子培养成有用的人，不然他们就永远停留在原地，永远不会得到幸福。

看来这些农民已经习惯了做农奴的生活，已经麻木得无可救药了。他们没有学问，脑海里没有半点知识，自己不想改善生活，反而还不让孩子们受教育，过美好的生活。每当托尔斯泰听到这些话，心里就是一阵酸痛。

在学校创办时，托尔斯泰抱有很大的希望，以为会得到那些农民的支持。可事实却正好相反，他听到的是更多的埋怨。

托尔斯泰一再向这位父亲说明读书的重要性，之后便送他回去。此时，托尔斯泰看到这位父亲的脸上仍然没有任何笑容。

"您还比较年轻，又是富有人家，您不了解我们农民的处境呀！"这位父亲临走时说。

看来不赞成孩子读书的父亲好像不只这一位，最好的证明是来学校上课的学生逐渐减少，最后一个学生都没有了。

当托尔斯泰去劝孩子们时，大家都对他说："老师，我们不能到学校读书了，我们必须去牧马，若是不去的话，就会受罚。"

出于这样的情况，托尔斯泰的学校也被迫关门了。

在学校关闭的这些天里，他每天都在反省，为什么办学校会遭到失败呢？也许方法不对，他必须办一所合乎农民环境的学校才行，但他所办的小学，却非常适合贵族的孩子，那么他的学校也就因此而失败了。

托尔斯泰也很清楚，办一所对农民孩子有用的小学，则会有助于农民走向幸福的道路。这次虽然失败了，但没有打消托尔斯泰的积极性，他反而更进一步去研究和改善，立志要办一所适合农民的学校。

托尔斯泰在《人生之路》一书中写道："小孩子比大人更为聪明，但他们并不了解人类会存在着身份的差异，因为他们的灵魂最纯洁。"这是从创办学校经历中而领悟出来的道理。

虽然遭到父亲们的反对，但是孩子们却是很乐意的。每当托尔斯泰外出游玩时，小孩子们总会给他一张笑脸，他感到这是一种有亲切感的笑容，并从孩子们的笑脸上发现他的心血没有白费。

人类的地位和身份并不是与生俱来的，人类的价值也不是以地位和身份来决定的。

农民们虽然对托尔斯泰说："像你们这样有钱的贵族懂得什么？"但是小孩子却不这么认为，他们能感觉到他的理想，他们并没有以身份和地位来决定一切，这点让托尔斯泰感到很高兴。

托尔斯泰想，当人们互相发生争执时，小孩子往往不明白到底哪一方是对的，他们就会在心里谴责双方，并悲伤地离开，因为小孩们比争执的双方更单纯。

这所学校的创办，是他从事农民教育的序幕。以致他后来办的农民子弟学校闻名全球，在教育史上占有重要地位。

光辉的戎马经历

1851 年 4 月 1 日，他再次回到雅斯纳亚·波良纳，他是来为大哥尼古拉送行的。尼古拉在高加索当炮兵军官，他新年的时候回乡下度假，现在假期已满准备回去。

尼古拉一向非常喜爱他这个小弟弟，为他近年来的这种变化不定的生活感到不安，因此建议他跟自己到高加索去，在自己身边生活一段时间，以便帮助他走上正确的人生道路，托尔斯泰接受了大哥的建议。

1851 年 4 月 20 日，尼古拉和托尔斯泰兄弟两人离开了故乡雅斯纳亚·波良纳，放荡不羁的尼古拉并不准备乘马车到高加索，而在喀山买下了一艘大帆船，并把马车放在船上，船上的 3 个水手有时摇桨，有时扬帆，有时又任大船自由漂流，沿伏尔加河到了阿斯特拉罕。随后他们将马车从船上卸下，翻过山，沿着山谷穿过森林，才抵达营地。

这次旅行大约花费了一个月的时间，一路上托尔斯泰有时读书，有时欣赏美丽的风光，这次旅行给他留下了深刻的印象。

托尔斯泰带着热情来到了对他来说既是神秘而又新奇的高加索。初到这里，他有些失望。因为他既没有看到那些浪漫主义小说所描绘的神奇的图景，也没有找到那些不可思议的英雄。

但是，一个真实的并非虚幻的高加索，却以其本来的面目呈现在他的面前，辽阔的苍穹、雄伟的群山、幽密的森林、喷涌的温泉，无不深深地吸引着他。

托尔斯泰兄弟刚到高加索一带，尼古拉就奉命前往戈里亚切沃德斯克的设防营地斯塔里—尤尔特，那里新驻扎了一支前卫部队，用以保护用矿泉治病的人们。

托尔斯泰第一次看到伟大的山岭地带的美丽，他十分感动。他一直跟随尼古拉换防，他们一起住在帐篷里，这里天气晴朗，空气清新，风景壮丽。托尔斯泰经常一整天地欣赏着这景色，他也很高兴在温泉里洗澡，当然这对身体是大有好处的，比如他的脚痛就再也没发作过。

托尔斯泰和那些军官也相处得很好，虽然他对他们没有受过教育这一方面感到惊骇，但他能做到与他们保持一种若即若离的关系，既不骄傲，也不过分亲密，不久以后他就完全习惯和他们相处了。尼古拉和这儿的每一个人都很熟，托尔斯泰自己也时时为这些军官准备一点伏特加和吃的东西，这样一来，虽不是深交，但也算是亲密了吧！

高加索雄伟壮美的景色，古朴诚实的民风对在上流社会生活惯了的托尔斯泰产生了一种不可忽视的影响。

1851年8月，托尔斯泰又回到了斯塔罗格拉多夫。他精力充沛，以一个志愿兵的资格，冒着生命危险随着一个小分队在夜间偷袭车臣人的部落。他首次经历了战争，同时也目睹沙俄军队的凶暴与酷虐，他们对无辜村民大肆屠杀，无恶不作。

在这次战役中，托尔斯泰遇到了一个军官伊里亚·托尔斯泰，也是他的一个亲戚，他把托尔斯泰介绍给了总司令巴里亚乐斯基将军。这位将军在战斗中注意到了托尔斯泰的勇敢，所以在认识他的时候劝托尔斯泰加入军队，伊里亚也极力劝说，于是托尔斯泰接受了这个劝告。他在10月末的时候离开高加索，来到了第比利斯，准备在那里参加士官生考试服军职。

托尔斯泰在第比利斯住了一个月，时间过得很无聊，又花费了很长时间治病，直至新年才出房门。这段时间虽然无聊，但他做的唯一的有用的事情，是把《童年》的第一部分写完了。这项工作他在莫斯科的时候就已经开始了，他那时就发现他很喜爱文学创作这个工作。

1851 年 12 月 23 日，士官生考试及格后，托尔斯泰写信告诉他的二哥塞尔盖说，他期待在几天之内接到去炮兵第四联队的委任状；接到委任状的当天他就出发到斯塔罗格拉多夫去，从那里参加战斗，并且要以他最大的能力，靠大炮的帮助，摧毁那些强盗般的、叛逆的亚洲人。

他还谈到他参加过几次狩猎，共打死狐狸 2 只、60 只灰色野兔子，还猎获过野猪和鹿，可是一只都没有打死。在这封信中，他还提起了哈泽·穆拉特，这是 50 多年后他小说中的一个英雄。他写道：“假如你想炫耀从高加索得来的新闻，你可以告诉别人；有一个叫哈泽·穆拉特的人在几天之前向俄国政府投降了。他是敢死队的头领，在整个塞尔卡西亚都以勇敢而闻名，可是却被迫做出了这种卑劣的行为。”

过了不久，在 1852 年的 1 月 6 日，托尔斯泰还住在第比利斯。他写了一封信给塔姬雅娜姑姑，表达了对她的那种至真至纯、无法分割的爱，托尔斯泰对姑姑的爱是发自肺腑的，点点滴滴都是从血液中直接流淌出来的。

虽然，这时候他已经长大成人，但依恋姑姑的感情仍然和“哭娃娃”时代一样，甚至是有所加深。这种爱影响了他一生。

就在同一封信里，托尔斯泰还讲了那些奇异的“祈祷的应验”里的一个例子，在一切宗教团体的历史中，它们占有重要的地位。这个故事是这样的。

在斯塔里—尤尔特的夏天，在那里的军官每天除了疯狂地赌博以外什么也不做。他们常常也请托尔斯泰参加。有一次，托尔斯泰为了好玩，下了一个小赌注，但他输了，再下赌注，又输了。他的运气不好，但对赌博的狂热使他两天之间输了所有的钱和尼古拉的 250 卢布，另外还有 500 卢布，托尔斯泰当时给的是一张 1852 年 1 月付款的期票。

这个故事是发生在这张期票上的。托尔斯泰驻扎的营地附近有一个车臣人居住的村落。有一个叫沙多的年轻人常常到兵营里来，并且参与赌博；可是因为他既不能算，又不能写，有些无赖的军官就欺骗他。

因为这个原因，托尔斯泰不和沙多对赌，并且常告诫他，他不应该赌博，因为他在受骗，托尔斯泰有的时候还替他赌。

因为这个关系，沙多很感激托尔斯泰，送了他一个钱袋；托尔斯泰也给了他一支花 8 卢布买来的手枪，因为交换礼物是本地人的习惯。因此要成为车臣人的朋友，就要按照习惯交换礼物，然后还要在你的朋友家里吃饭。

在这以后，按照这个民族习惯，你从此就成了生死之交的朋友了。也就是说，假如你向他要他所有的钱，或是他的妻子、他的武器，或是他所有的一切最值钱的东西，他都必须把它们给你，而你也不能拒绝他的任何要求。沙多希望托尔斯泰到他家去，做他的朋友。

托尔斯泰去了，在按照他们的方式款待托尔斯泰之后，沙多让托尔斯泰在屋子里选择他最喜欢的东西：他的武器，他的马匹——随便什么东西都行。托尔斯泰想挑选最不值钱的东西，就拿了一把嵌银马鞭，不料沙多勃然大怒，强迫托尔斯泰拿了一把至少值 100 卢布的剑。

沙多的父亲是一个富有的人，可是他把钱都藏了起来，一分钱也不给他的儿子。这个儿子要用钱的时候就到敌人那里去偷马匹和牛。有时候，他冒 20 次生命危险偷到的不过是一些不值 10 卢布的东西，可是沙多这样不是由于贪心，而是因为这是"首要之事"。最大的强盗最受尊敬，并且被人称为"勇士"。

有时沙多有 1000 卢布，有时却一分钱也没有。在拜访他一次后，托尔斯泰把尼古拉的银表送给了他，于是他们成了世界上最好的朋友。有几次，沙多为托尔斯泰冒了生命危险，他用这种方法来证明他的忠实。冒险对他来说算不得什么，只是一种习惯而已。

在托尔斯泰离开斯塔里—尤尔特到第比利斯以后，沙多每天仍然到兵营去，向尼古拉诉说他离开了托尔斯泰不知道怎么办才好，他感到可怕的沉闷。

托尔斯泰在第比利斯一边准备着士官生的考试，一边为偿还赌债而发愁，尤其是那张 500 卢布的期票，这几乎使他陷入绝境。在莫斯科已经欠下了那么多的债，现在又增加了新的债务，这些事情使他痛苦万分。晚上祈祷的时候，他求上帝帮助他逃出这种不愉快的苦境。

第二天托尔斯泰收到尼古拉的一封信，信中说，前几天沙多从诺林那里赢回了那张期票，把它带给了尼古拉。听到这个消息，托尔斯泰很是感动，他一方面钦佩沙多的忠诚的品质，一方面又认为这是上帝的恩赐，这使他更坚信传心术的说法。于是他把这件事特别详细地告诉了塔姬雅娜姑姑。

几天之后，他回到了斯塔罗格拉多夫，在1851年1月底和整个2月份，托尔斯泰以一个炮兵士官生的资格参加了一次讨伐、两次激烈的战斗。

看见一个自己所熟悉的人在自己面前突然倒下，这种恐怖不亚于在千军万马的战场上看见成片成片的尸体。在2月18日那天，托尔斯泰的生命也遇到了危险，因为一颗炮弹正击中他瞄准的炮的炮栓上，并把它击碎了，就在他的脚面前方爆炸了。可是奇怪的是，托尔斯泰一点儿伤也没有。

以后，他在炮兵部队里获得过两枚十字章，其中一枚给了一个年老的应该得奖的士兵，这对他意味着终身的恩俸。

托尔斯泰在战斗中对自己要求非常严格。偶有怯懦的行为，他在日记里都严加剖析。如1852年2月28日，在一次战斗之后，他写道：

这是表现自己全部精神力量的唯一机会，可是我表现得软弱无能，对此，我自己都感到不满。

1852 年年底至 1853 年年初的那次战役中，他又有了一次得十字勋章的机会，可是这一次因为他下棋下到深夜，第二天早上没有去值班，师指挥官发现他玩忽职守，把他关了禁闭，当然十字章也给取消了。在被禁闭的时候，他听见外面颁发奖章时乐队奏乐的声音，他感到十分的后悔和难过。

托尔斯泰在这时还结识了一位哥萨克老人，他是尼古拉的房东叶皮芳老爹。这位老人已年近古稀，但身体依然健壮、魁伟。他棕红色的脸上布满粗大的皱纹，浓密的大胡子差不多都白了。他的头上脸上有几道深深的伤痕；青筋暴露的脖子和双手上也满是抓伤的痕迹。这些都是老人一生经历的真正纪念，他没有子女，孤身一人和两只猎犬、一只猎鹰一起生活。

托尔斯泰两兄弟都非常爱叶皮芳老爹，老爹也非常喜爱托尔斯泰。他有时在自己的茅舍里煮粥给托尔斯泰吃。叶皮芳是村中的打猎能手，他出去打猎的时候，常常只带着托尔斯泰一个人去。他们一起追赶猎物，打山鸡和野兔。

叶皮芳老爹是一位勇敢、乐观、风趣的老人。他一边喝着红葡萄酒，一边骄傲地讲起自己过去的事情，讲哥萨克从前的生活，讲到自己从前是村里最勇敢、最英俊的小伙子，他不禁眉飞色舞起来。真正把托尔斯泰吸引住的还是叶皮芳老人对人生的认识，以及他那种积极乐观的精神。虽已年迈，老人还常弹着琴和年轻人一起高声歌唱。

托尔斯泰以自己能与这些普通人同生活共命运而感到幸福，甚至准备脱离自己置身的那个贵族社会，在当地买间茅屋和几头牲畜，娶个哥萨克姑娘为妻，安家立业。

　　不久，他果然爱上了一个美丽的哥萨克少女。当然，这位哥萨克少女拒绝了他。而后，托尔斯泰以房东叶皮芳老爹和他所爱慕的那位少女及其他方面的生活内容为素材进行创作。这就是 10 年后问世的诗意盎然、优美动人的《哥萨克》。

　　《哥萨克》表达了作家要脱离自己的环境，走"平民化"道路的初步尝试。主人公奥列宁厌弃上流社会的空虚和虚伪，在奇伟的大自然和淳朴的哥萨克中间，认识到幸福的真谛在于爱和自我牺牲，为别人而生活，但他未能摆脱贵族的习性，这幻想以破灭告终。

　　这个"出走"的主题后来不断出现在作家晚年的作品中。在艺术上，《哥萨克》开始从心理的细致刻画转向客观地广泛描写现实生活的史诗画面，为创作《战争与和平》做了准备。

　　托尔斯泰对高加索的观察和印象反映在他的战斗故事《袭击》、《砍伐森林》、《被贬职者》和中篇小说《哥萨克》中。高加索对托尔斯泰来说是如此难忘，以致直到晚年，他还写出了那部优秀的中篇小说《哈泽·穆拉特》。

托尔斯泰·学习生涯

走上文学创作道路

托尔斯泰一边过着高加索丰富多彩、充满危险和奇遇的战斗生活，一边紧张地探索着施展人生只有一次的青春活力的场所。他终于决定写小说了。

托尔斯泰善于摄取印象，观察敏锐，对人满腔热爱并且了解他们，善于捕捉人的内心最细微的变化，兴趣广泛，思想丰富，强烈希望同别人分享积累起来的财富，这就是促使他动笔写作《童年》的原因。

他在以前也曾经尝试过写作，只是没有写出什么来。他显然素养还不够，不能把脑子里的形象用语言表达出来。

这些形象是：德国人卡尔·伊凡诺维奇、托尔斯泰的亲戚和祖先、哥萨克叶皮什卡、萨多、哈泽·穆拉特以及自然风光。托尔斯泰把这些形象珍藏在脑海里，作为日后文艺创作的素材。对于这些素材，托尔斯泰有的立即加以利用，而有的则多年以后才从这个宝库中吸取他感兴趣的东西。

1851 年 8 月 17 日，他在写给塔姬雅娜姑姑的信中说："您多次对我说，您写信没有打草稿的习惯，我也照您的样做，但是结果却不相同，不怎么妙，因为写好以后，我重读一遍，常常把它们撕了。我这样做并非爱面子。拼写错误、涂改、用词不当，我都不在乎，原因在于我不会驾驭手中的笔和整理头脑里的思想。"

就在这一年的 11 月，托尔斯泰在第比利斯又写了一封信给塔姬雅娜姑姑，他在信中说道：

您有一次劝我写小说，好姑姑，您还记得吗？告诉您，我遵从您的劝告了，我过去信里对您提到过我所做的那件事，就是写作。我还不知道我写的东西是否会问世，但是我正在从事的这件工作，已经和我结下了不解之缘，我无法释手了。

早在 1851 年 1 月 18 日他就萌生了写《童年》的念头。他在这天的日记里写道："写我的童年。"

1851 年秋，托尔斯泰在第比利斯的时候，他就开始着手写了。这时他的想法已具有小说的明确艺术轮廓，书名为《成长的四个时期》。

在这一年的年末，第一稿写到主人公的少年时期。这时托尔斯泰决定小说分成三部。第一部就叫作《童年》。誊写手稿的工作把他累得疲惫不堪，他亲手抄了 3 遍，最后让一个誊写员誊清。

1852 年 7 月 2 日，托尔斯泰的作品《童年》在高加索的兵营驻地完成。令人奇怪的是：在使他陶醉的自然界中，在完全新鲜的生活里，在战争惊心动魄的危境中，在一个为他从未踏足的热情的世界中，他居然在这第一部作品中追寻过去生活给他留下的回忆。

当他开始写《童年》的时候，他正生病在床，军队服务又暂时停止了；在长期的休假时间中，他又孤独又痛苦，正有感伤的倾向，过去的回忆便在他温柔的眼前展现了。最近几年的放浪生活，使他身心都感到精疲力竭，极度紧张，在紧张之后，去重温"无邪的、诗意的、快乐的、美妙的"幼年生活，追寻温良的、善感的、富于情爱的童心，对他自有一番不同的滋味。

托尔斯泰把完成了的《童年》的原稿寄给圣彼得堡最好的月刊《现代人》杂志社，原稿只署了列·尼这两个字母。这也是他第一次公开发表的作品。

在原稿上，托尔斯泰还附了一封信，信中说：

　　其实这部作品是长篇小说《成长的四个时期》中的第一篇，几天前我刚完成原稿，特此寄上。如果有幸承蒙采用，我决定继续执笔写第二篇。现在，我正以焦虑的心情等待您的回音。

1852 年 8 月 28 日，列夫·托尔斯泰接到主编涅克拉索夫的亲笔回信：

　　你的作品《童年》，我已读过，故事非常有趣，所以我预定连载于《现代人》杂志上。当然，在还未见到你的续稿前，仅看这篇文章，实在无法给予正确的评价。但是看了这篇作品后，就知道你有深厚的文学素养，而且以内容的纯真与趣味性来看，它是篇受大众欢迎的佳作。

　　如果能在续篇中，写得更加生动而富有变化，就可以成为优秀的长篇佳作，请直接将续稿寄给我吧，我非常欣赏你的天分。

　　如果希望将来能成为独立的小说家，我劝还是从现在就开始用本名发表。

托尔斯泰看到这封信后，那种高兴的心情，一直记在心头。

10 月 30 日，涅克拉索夫给托尔斯泰又寄来一封信，他解释说，按照习惯，对作者的第一次作品不付稿费，可是他希望托尔斯泰继续投稿，将来他会给他同最有名的作家相等的稿费，也就是说每 16 页 50 卢布，他还提到《童年》很受读者欢迎。

《童年》的故事主要是以乡村庄园和莫斯科邸宅为舞台展开的。

托尔斯泰多彩的妙笔，为我们描绘了瑰丽的俄罗斯大自然，使我们如闻草地的芬芳，如见森林的神奇，如置身黄熟的麦田……不过作家目光凝聚的焦点还是尼古连卡的家庭。

这是一个普通的贵族之家，有华丽、宽敞的宅第，有成群的奴仆，有专门的家庭教师，有丰盛的筵席，有热闹的舞会，有壮观的行猎……托尔斯泰着力刻画了妈妈的慈爱，卡尔·伊凡尼奇的善良和娜塔丽亚·萨维什娜无微不至的爱心，通过对教室、出猎、游戏、舞会等场面优美细腻的描写，使我们非常生动地看到了这个"钟鸣鼎食之家"的日常生活图景，有一种温馨的气息拂面而来。所以当时就有权威的评论家认为，托尔斯泰这样真实地反映现实，挖掘出了贵族家庭生活中诗意的美。

塔姬雅娜姑姑读了《童年》，来信鼓励他"要具有真正的、完整特征的天才，以使像《童年》这样不大使人注目的情节写得饶有风趣"。

托尔斯泰对他的创作保密，除了尼古拉和塔姬雅娜姑姑之外，任何人都不知道。他的妹妹玛丽亚这时已回到她丈夫的庄园，那里离屠格涅夫住的斯帕斯基乡村很近。

有一天屠格涅夫去看她，带了《现代人》杂志的最近一期去。他竭力称赞一个不知名的作者所写的一篇新的故事，开始大声朗读，玛丽亚非常惊异，因为她听出有几个故事都是她幼年时所经历过的。

在这之前，托尔斯泰曾告诉过姑姑关于写作的事，但却没让玛丽亚知道，所以她才会感到惊讶。

虽然当时她嘴里没有说出来，但心里一定在想着。到底是谁如此了解托尔斯泰家中一些不足为外人道的事情呢？

她似乎无法想象列·尼就是托尔斯泰的笔名。玛丽亚只知道托尔斯泰去从军，现正驰骋于高加索那美丽的山河间，因此也就想象不到他会写小说。

同样，让屠格涅夫惊奇的是，正在听他朗读《童年》的邻居，就是作者的妹妹。

后来屠格涅夫还写了一封信给《现代人》杂志的主编，说道："这一位作家充满了光明的前途，你应该不断地写信催促他继续写下去，最后希望你在给他的信末尾，替我加上一句'屠格涅夫在感动之余不断地为他鼓掌'。"

作家之中第一个为托尔斯泰的天才所折服的是潘纳耶夫，他也是《现代人》杂志的编辑。关于他，屠格涅夫认为他的朋友们必须在涅瓦大街上小心地避开他，否则他就会坚持把这篇新故事的某些部分读给他们听。不久这篇作品到了在西伯利亚的陀思妥耶夫斯基手里，他也被深深地打动了，因此他写信给一位朋友，要他找出有才华的列·尼是谁。

托尔斯泰在开始创作的时候，就采取了一种适合于他的文体——心理分析小说，他主要的兴趣是在激发人物行动的感情，而不是发生的事件上。

在第一个时期内，托尔斯泰只不过在为他将来的伟大作品准备着。他养成一种自我分析的技能，借以掌握人类行为的内部机制。他的分析方法使他优于他以前的任何人。他比他们更能深入到意识的下层。他致力于探求一切战事的最原始的事实。把现实中分散的、不完整的东西重新整合拼接起来，创造成一个新的、与以往不同的具体的现实。总之，他的准备时期的作品是完全不受结构束缚的。

托尔斯泰在小说史的地位是不可低估的，他可以说是近代小说的开山鼻祖。在他之前的小说，都不是完全意义上的小说，在他后来的许多作品也是如此。旧式小说和近代小说之间如果有一条分界线的话，那一定是托尔斯泰画出来的。

他的直接前辈是伟大的法国分析小说家卢梭和司汤达。他继承了他们的写作方法，为自己的小说创作打开了一个新局面。

继《童年》之后，托尔斯泰的作品一篇接一篇地出现在刊物上，其中有短篇小说《侵略》、中篇小说《少年》等。

戎马倥偬的生活不宜于从事文学创作，所以直至4月底他才把《少年》写完，寄给了涅克拉索夫。8月底，他接到涅克拉索夫的回信说："在读者之间产生了一种可以称作效果的东西。至于那些懂行的文学家，他们都承认，这样的文学作品在俄罗斯文学中已经很久没有出现了。"

小说《少年》讲的是：小说的主人公认为自己有一种超凡的精神力量，"总觉得自己是一个伟人，能够发现为全人类造福的新真理"。以此来傲视所有的凡人。可是真的随随便便遇到某一个凡人的时候，他又是怯生生的。这是具有一定讽刺意味的小说。

这部小说很快得到了第一批读者们的热烈欢迎，托尔斯泰也开始被文学界认可。他很高兴他的作品有那么多人喜欢。可是他早期的作品没有署过全名"列·尼·托尔斯泰"，一直到1855年《八月的塞瓦斯托波尔》，他才首次署上了全名"列·尼·托尔斯泰"。

他的这些作品克服俄国文学中战争描写虚假的浪漫主义倾向，表现流血和死亡的真实场面，描写普通士兵和军官的朴素但却悲壮的真正爱国主义，揭示贵族军官的虚荣心和装腔作势。

车尔尼雪夫斯基指出托尔斯泰才华的两个特点："心灵的辩证法"和道德感情的纯洁，主要就是根据上述作品概括出来的。

屠格涅夫也表示："《少年》在此间受到了极大的欢迎——托尔斯泰被公认为我们最优秀的作家之一——现在只要他再写出一部这样的东西来，就可以在文坛上独占鳌头了，他有资格获得这个地位——这个位子正留给他。——请把这一点通知他。"

很多杂志纷纷发表评论文章，加以赞扬。《祖国纪事》杂志有一篇文章说：

　　如果这是列·尼先生的第一篇作品的话，那不能不祝贺
俄罗斯文坛出现了一位新的杰出天才。

　　从此，托尔斯泰的名字被广大读者所熟知，他成为俄国文坛的新
星。托尔斯泰被评论界认为是大有希望的新出现的天才，"目前俄国
文学最好的期望就寄托在他的身上"。

　　尽管受到了赞扬，但他仍然严格要求自己，他反复修改后改名为
《伐木》的《炮兵军士的笔记》。他重读了《童年》，认为败笔甚多。
他的著作越多，对作品的要求就越严格。他不断地发现并且修改这些
作品中的败笔，将发现错漏之处都记录下来重新补正。他后来之所以
能取得那么大的文学成就，实在跟他的这个严谨的写作态度、做事情
比较较真的性格特点有很大关系。

战争时期的写作

1853 年 7 月 20 日，托尔斯泰在给二哥塞尔盖的信中写道：

好像我已经写信告诉过你，我申请退伍了。但是目前正与土耳其作战，天知道能否获准，何时能获准。这使我心烦意乱，因为我现在只想赶快回乡定居，而要我再折回斯塔罗格拉多夫镇去没完没了地等待，就像待命出发行军作战那样，着实别扭。

事实上，托尔斯泰早就可以晋升为军官了，但是没有得到晋升。其原因是同大哥尼古拉动身赴高加索时匆匆而行，把自己的全部证件都留在雅斯纳亚·波良纳了。

再就是他没有得到乔治十字勋章。这件事也使他苦闷："我不论做什么事都要出岔子。"他还在 1852 年 6 月给姑姑的信里就这样写道："战斗中我有两次机会被推荐授予乔治十字勋章，但是我没能得到，因为这张可恨的证件晚送到了几天。我坦率地对您说，在所有的军功奖赏中，我追求的就是这个小十字，所以这一迟误使我痛心疾首。"

托尔斯泰还有两次机会本应荣膺乔治十字勋章。但是，一次他把自己应得的十字勋章让给了一位老兵；另一次他因为没去执勤而被禁闭，上司不同意授予这个玩忽职守的士官十字勋章。

这些也就成了托尔斯泰离开队伍的原因。但另一方面的原因是受到创作成功的鼓舞，想要回到雅斯纳亚从事文学创作。

托尔斯泰不但遭遇了宦途的坎坷，更多的是那些琐事让他烦恼。但是这些心事和烦恼已经不能吸引他使他放弃写作了。当他精神振奋时，开始执笔写作。他写了一个短篇小说《袭击》，寄给了涅克拉索夫，接着又写短篇小说《圣诞节之夜》，中途辍笔，但并未放弃。一个无辜青年误入歧途，遂至堕落毁灭的题材又重新构思，写进一个新的短篇小说《台球记分员的札记》里。几个高加索军事短篇，《伐木》、《军中相逢》等，也正在构思酝酿中。

"交友和书籍是何等重要！"托尔斯泰在 8 月 4 日的日记里写道。"近朱者赤，近墨者黑。"他博览群书，所读的书中有他敬爱的卢梭、普希金、莱蒙托夫和屠格涅夫的著作。但是他对高加索已经厌烦了，他在给二哥塞尔盖的信中说，"腻味透了"。

1853 年 6 月，俄国出兵占领摩尔多瓦和瓦拉几亚，跟土耳其的战争一触即发。托尔斯泰的退伍申请因此未获批准，他便怀着爱国热情申请转到多瑙河的部队去了。

托尔斯泰被调到了多瑙河部队继续服役。后来，他在日记中写道：

> 我开始爱上了高加索，这是一种强烈的爱。这个莽荒地区实在是非常之好，战争与自由这两个截然不同的东西在这里奇特而又富有诗意地结合在一起了。

托尔斯泰于 1854 年 3 月启程前往多瑙河部队，并在多瑙河部队待到 10 月底。在这段时间里，他几经调动。随后又被派到炮兵部队首长身边工作。

最后他在戈尔恰科夫伯爵的指挥下参加进攻西利斯特里亚要塞的作战。预定对要塞的攻击被无故取消，并且解除围困，使托尔斯泰大为沮丧。

他在给大哥尼古拉和姑姑塔姬雅娜的信里说："我可以十分有把握地说，所有的人，士兵、军官和将军，听了这个消息，全都会认为是巨大的不幸，尤其是他们从常常潜入西利斯特里亚的侦察兵那儿听说过什么时候可以攻克这个要塞，西利斯特里亚支持不了两三天。"

托尔斯泰以其独具的洞察力看出俄军的种种弊端：作战指挥不当，军纪涣散，士兵愚昧，军官放荡。他和一些有文化的军官想要创办一个士兵教育协会以对士兵进行启蒙教育，因不合上级意图被否定了。他要出资跟一些军官创办一份军事杂志以对士兵进行教育并报道军事活动，沙皇也没有批准。

他还写了一些提高俄军战斗力的军事改革方案，如《论德式马枪营》、《论改编炮队》。这些方案也都石沉大海，尽管一些专家认为颇有价值。这让托尔斯泰感到很伤心，自己所做的努力都白费了。也就在这个时候，战争的主要舞台已经不在多瑙河了，而转到了克里米亚半岛。

托尔斯泰对在多瑙河部队的无聊生活感到厌烦，想投入战争的旋涡，便争取调往塞瓦斯托波尔。他如愿以偿，获准调到了塞瓦斯托波尔炮兵旅第三轻炮连。

塞瓦斯托波尔濒临黑海，有良好的港湾，在今乌克兰境内。1783年俄国人并吞克里米亚后，开始在此地建立海军基地与要塞，翌年命名为塞瓦斯托波尔，1808年辟为商埠。克里米亚战争期间，英法联军于1854年9月至1855年8月进行围攻。

被围困的塞瓦斯托波尔当时成了举世瞩目的地方。托尔斯泰坚决要求把他派到被围困的城市里去，正像他自己说的，"这么做是为了亲眼看看克里米亚战争"，而"更主要的，是出于爱国热情"。这种爱国热情，用他的话来说，当时完全把他"支配住了"。

托尔斯泰分析了俄军统帅部在克里米亚战争中的战略方针，试图提出自己的快速制胜的办法。但是他的这些建议并没有被采纳。

由于沙皇政府的腐败、军队统帅的无能、军官的相互倾轧，致使战局急转直下，连连败阵。这激起了国内人民和广大士兵的无比愤慨。

托尔斯泰忍无可忍，和一些爱国军官一起草拟了改组连队的计划，建议成立来复枪营，出版《军人之页》杂志，这使他的上司大为恼火。

在建议未被采纳和军队的无力回击的情况下，俄国被迫开始了长达 11 个月之久的城市保卫战。在保卫塞瓦斯托波尔的战斗中，托尔斯泰表现勇敢，因而获得了四级安娜勋章以及其他奖章。

参加克里米亚战争成为了托尔斯泰生活中的一个新的重要的阶段。他在 1854 年 11 月 29 日给哥哥的信中表达了那些塞瓦斯托波尔保卫者在他身上所唤起的热忱。

"军队士气之高，"托尔斯泰写道，"超过所有的报道描写。即便在古希腊你也找不到这样的英雄行为。"

他还提到，海军中将拉希莫夫巡视军队时，不是喊："弟兄们，你们好！"而是问："决死的时刻到了，弟兄们，你们敢死吗？"

士兵和水手们齐声回答；"我们敢！""乌拉！"

"这不是演戏，"作家写道，"从每个人的脸上可以看出，这里没有玩笑。有的是严肃认真，25000 人实践了自己的承诺。"

作家善于把握住那些促使士兵、水兵和优秀的军官代表在战斗中表现出奇迹般的勇敢，蔑视危险、视死如归的内在动机。

在塞瓦斯托波尔战区，以托尔斯泰为中心，成立了一个报道站，负责将战场的状况传达到贝德尔普鲁格。

当托尔斯泰把战记送到《现代人》杂志社，他们就将这些《1854 年 12 月的塞瓦斯托波尔战记》刊登在第二年的 6 月号；接着《1855 年 5 月的塞瓦斯托波尔战记》刊登在 8 月号；《1855 年 8 月的塞瓦斯托波尔战记》也刊登在第二年的元月号。

第一篇《1854年12月的塞瓦斯托波尔战记》是经过校正后的印刷品。尼古拉一世驾崩后，刚接位的俄皇亚历山大二世看了这篇文章非常感动，说道："要好好地犒赏这位青年，不要让他的生命处于危险的地方。"

皇帝命令将这篇作品翻译成法文出版。

托尔斯泰的作品日后也被翻译成各国语言，而这一篇则是第一篇。被《1854年12月的塞瓦斯托波尔战记》所感动的，不仅是皇帝一人，尼古拉一世的皇后读过后也感动得涕泣。

托尔斯泰又在日记上写道：

> 俄国人民颇具有道德观念，尤其是当国家危难时更是表露无遗。俄国人民坚强地由许多悲惨的事件中站了起来，衷心地发出对祖国的热爱之情。如今这些牺牲生命贡献国家的人们，就是为了要争取不朽的声名与荣誉以便名留青史。

在紧张激烈的战斗岁月中，托尔斯泰没有停止写作。他把在战地捕捉到的直接印象，写成了3篇小说，后收在《塞瓦斯托波尔故事集》中。他没有把战争描写成旌旗招展、战鼓喧天、将军策马向前的"壮观"图画，而是实实在在地表现了战争的本来面目。

应该说，对战争做这样直接、真实的现实主义描写，这在俄国文学史上还是第一次。

在塞瓦斯托波尔陷落后不久，托尔斯泰便来到圣彼得堡，首次踏入了文学界。

他先后见到了团结在进步杂志《现代人》周围的许多有重大影响的作家：涅克拉索夫、屠格涅夫、冈察洛夫、亚·尼·奥斯特洛夫斯基和车尔尼雪夫斯基等人。

他们热烈欢迎这位从战地归来的英雄，殷切地关怀这位初露锋芒的作家的成长。但这时《现代人》的作家在一些重大问题的看法上出现了分歧。

《现代人》坚持艺术上的唯物主义观点，强调艺术对社会生活的巨大作用，保卫果戈理的现实主义传统；而最早退出《现代人》并另行主办《阅读丛书》的自由主义者德鲁任宁等人，则极力诋毁这种传统，把普希金等人的创作说成是"纯艺术"的。这就是当时果戈理派和普希金派的论争。

托尔斯泰一度接受了后者关于"纯艺术"的错误理论。后来，他识破了这种主张势必引导作家走上远离生活与违背人民群众利益的邪路，最终在追求真理的道路上，决定选自己的路。

以前，托尔斯泰与屠格涅夫建立了深厚的友谊。1856 年，托尔斯泰结束了戎马生涯，这使屠格涅夫感到十分高兴，因为，屠格涅夫很早就规劝他专门从事文学创作，以使他的才智能够得到更大的发挥。但他们中间也时常发生争论和吵架。托尔斯泰往往在争吵中表现得非常尖刻和缺乏自制，他也因此被朋友称为"暴怒的野蛮人"。

青春历程

一个人好像是一个分数，他的实际才能好比分子，而他对自己的估价好比分母。分母越大则分数值越小。

—— 托尔斯泰

回家乡看望亲人

　　1853 年，俄土战争爆发后，托尔斯泰被调到了多瑙河部队。在去部队服役前，他首先回到了家乡雅斯纳亚·波良纳，看望自己的亲人。

　　1854 年 1 月的一天，大雪纷纷扬扬，在马车的前后左右飞舞，马腿在雪里陷到了膝盖，雪花不时从车篷上往下落，滑木已被埋住了。

　　雪花飞舞着，天气极冷，冰冷的雪花就盘旋着向他的眉毛、鼻子和嘴唇扑来，还直往脖子里钻。

　　环顾四周，但见纷纷扬扬，一片白茫茫，除了朦胧的月亮和皑皑的积雪，大地一无所有。

　　多么可怕的暴风雪呀！托尔斯泰冻得浑身哆嗦起来，最后实在承受不住了。他下了马车，跟在马车的后面小跑起来，这样会暖和一些。

　　此时此刻，托尔斯泰不知不觉中想到了童年的一些事，想到了小时候和马车赛跑的情景。是啊，自己幼年时的艰苦锻炼是多么可贵啊！

　　这是托尔斯泰从高加索回到家乡时，在途中遭遇暴风雪的情景。也就是这次艰苦的旅行，

给托尔斯泰留下了很深的印象，也使他产生了一个想法，要写一篇题为《暴风雪》的短篇小说。

在隆冬季节，托尔斯泰冒着风雪严寒，从南方到俄罗斯中部，行程 2000 俄里，经过两个星期的艰难跋涉，终于回到了阔别已久的家乡雅斯纳亚·波良纳。

马车在一个古老的院宅前停下了。托尔斯泰跳下马车，看着他所熟悉的大门，心里不免感慨万千，没想到事隔多年，还能再次回到自己的家。

托尔斯泰轻轻推开大门，一条小径依然是整洁干净。再看看自己住过的小屋，还保留着原来的风貌，没有任何变化。

托尔斯泰的归来，使得全家人欣喜若狂。当他扑进塔姬雅娜姑姑温暖的怀抱时，姑姑激动得流下了泪水。毕竟她们两人在一起生活了许多年，姑姑给了他无微不至的关怀，彼此之间产生了很深的感情。

姑姑抹去眼角的泪水，微笑着说："看这些年都瘦多了，我给你做些好吃的。"说完，姑姑就忙着做晚餐了。

托尔斯泰把自己的房间打扫干净后，就和家人又说又笑地聊了起来。

在丰盛的晚宴之后，托尔斯泰和塔姬雅娜姑姑坐在壁炉前亲热地交谈。"这次随大哥去部队，我想恐怕是我选择唯一正确的一次。"托尔斯泰在晚宴上喝了点酒，脸显得通红；由于自己太过于兴奋，目光显得闪亮。

在姑姑的眼里，可爱的托尔斯泰终于长大成人了。

姑姑看着自己带大的托尔斯泰，脸上一直都显露着笑容。姑姑瘦了，也老了，眼角和额头的皱纹也深了许多，但目光还是那样慈祥，那么和善。

"你回来了就好，以后可以用心写小说了，不会再像以前那样为无事可做而烦闷了。"姑姑带着笑说。

"我这次回来主要是想看看你们，过后我还要去部队服役。"

"有那个必要吗？你已经找到了自己喜欢做的事情了。"

"是的，我也曾想过退伍，还向上级提交了退役申请。但是没有获得批准，由于去年10月俄国和土耳其发生了战争。我已经申请去多瑙河部队了，过不了几天，就要去了。"

"你有了目标，这是好事，那你是上前线吗？"

"是的。姑姑，我可以骄傲地告诉您，我在战场上是非常勇敢的，有几次可以得到勋章的机会，但我却没有得到。"

"那是为什么呢？"

"有两次是因为忘记了带证件，一次让给了一个老兵，还有一次因为下棋到深夜没有去值班而被罚禁闭。真有些遗憾，不过我下决心以后再争取。"

托尔斯泰回来后不久，妹妹和妹夫听到他回来的消息后，就带着孩子来雅斯纳亚·波良纳看他。

妹夫也是一个贵族，在波克罗大斯科耶有一座庄园。

这个时候，妹妹玛丽亚拿出一本《现代人》杂志，让托尔斯泰读上面的《童年》，并说："哥哥，你仔细读一读，上面写的都是咱们童年时的事情，是不是大哥写的？屠格涅夫对这篇小说赞赏不已，是他特意向我推荐的。"

托尔斯泰笑了笑说："你认识屠格涅夫？《猎人笔记》的作者？"

妹妹笑了，说："当然了。我们的庄园不远紧挨着屠格涅夫的庄园，他的庄园就在斯帕斯科耶。屠格涅夫经常到我们家来做客。"

话音刚落，塔姬雅娜姑姑就笑着说："玛丽亚，你不用大惊小怪的。那篇《童年》不是你大哥写的，正是你的小哥写的。"

"哦！上帝！"妹妹高兴得惊呼起来，又说道："你写的小说怎么不用真名呀，害得我在那里乱猜一通！"

这时，妹夫正在抽着烟，他没有说什么，只是在一旁听着兄妹两人的愉快畅谈。托尔斯泰走过来问他："这段时间都忙些什么？有没有参加战斗？"

"没有，庄园的事情太多了，再说我对战争丝毫不感兴趣。"妹夫微笑着回答说。

托尔斯泰刚要再问什么，突然被5岁的外甥缠着，要他讲故事。

托尔斯泰就把小外甥抱到膝盖上，说："那好吧，你想听什么故事呢？那我就给你讲一个小绿棍的故事：从前，有一个古老的大峡谷，这个峡谷叫扎卡斯。在峡谷的旁边，有一片茂密的森林，这个森林里埋着一根小绿棍。小绿棍上面……"

"我知道！我知道！"外甥突然惊呼地叫起来，又说："小绿棍上面写着让人免遭不幸，永远幸福的奥秘！"

"哦？正确，非常棒！你是怎么知道的？"

"这个故事妈妈早就给我讲过了。"外甥忽闪着明亮的大眼睛，又说："我妈妈还说，这次我们来雅斯纳亚·波良纳，就要带我去找那根小绿棍。舅舅，你想不想跟我们一起去呀？"

"不是不可以，这也得赶上好时候了才行，你妈妈真是太心急了。你好好想一想，冬天里，到处是积雪，森林的土地都给大雪盖住了，放眼看去，白茫茫一片，去哪里找呢？只有到了夏天，大地露出了本来面目，这才找得到呀！"

"那我和妈妈就一直等到夏天。"小外甥接着说。

可是，托尔斯泰却不能够等到夏天，他要在3月初起程前往多瑙河部队了。

在临走前，为了预防万一在前线阵亡，他还特意写下了遗嘱。

此时，全家人无不为他捏了一把汗。离别的情景让人感觉是那样的悲壮。

塔姬雅娜姑姑担心托尔斯泰真会出什么事，便伤心地流着泪，说："托尔斯泰，为了姑姑，你一定要平安回来啊！主会保佑你的！"

圣彼得堡的经历

　　托尔斯泰参加了克里米亚的战斗，曾几度把身体暴露在危险中，但他没有后退，表现得非常勇敢。就在这个时候，上面突然下达了一道命令：把托尔斯泰调到圣彼得堡当军使。他主要的任务是将克里米亚的战况，报告到首都圣彼得堡。

　　1855 年 11 月初，托尔斯泰离开了塞瓦斯托波尔，途中在雅斯纳亚·波良纳停留了一段时间，于 11 月 19 日晨到了圣彼得堡。

　　托尔斯泰把旅途用品扔在旅馆里，立刻去登门拜访屠格涅夫。他们彼此仰慕已久，而且屠格涅夫的庄园跟她妹妹玛丽亚的庄园毗邻，因此他们一见如故，非常亲热。

　　托尔斯泰到屠格涅夫家后，屠格涅夫张开双臂热烈接待他。但是这两位作家很快就认识到他们各自性格不同。屠格涅夫是个西欧气质的人，他非常注重感情，并且性格温和，他看到托尔斯泰性情狂放，没有任何羁绊，未免有些不安。

　　但是托尔斯泰并不需要屠格涅夫父亲般的爱护，而屠格涅夫也很快就意识到，这个“野人”是难以驯服的。

　　当天，托尔斯泰就表示想去见见涅克拉索夫，于是就在屠格涅夫陪同下去访问涅克拉索夫，在涅克拉索夫家里吃了晚饭，一直谈到晚上 8 时。

　　托尔斯泰不想在圣彼得堡定居，他只想住上一个月，从而结识圣彼得堡的作家。

　　屠格涅夫劝他从旅馆搬到自己的寓所来住。这样，托尔斯泰初到圣彼得堡期间就住在屠格涅夫家里。

11 月 22 日，在涅克拉索夫家里吃午饭时认识了德鲁日宁。

23 日在屠格涅夫举行的晚会上结识了丘特切夫、冈察洛夫、迈科夫、皮谢姆斯基等作家，并同其他作家一起在涅克拉索夫起草的祝贺谢普金舞台活动 50 周年的贺信上签名。

28 日，出席《祖国纪事》杂志出版人克拉耶夫斯基的宴会，在座的有该杂志的评论家杜德什金以及德鲁日宁、屠格涅夫和皮谢姆斯基。

12 月 2 日，托尔斯泰出席国际象棋俱乐部的文学午宴，并结识了巴纳耶夫、波隆斯基、杜德什金、克拉耶夫斯基、奥多耶夫斯基等名家。在这里，作家们听说俄军攻克土耳其的卡尔斯，高兴地喊起了"乌拉"。

在屠格涅夫的午宴上认识了奥加廖夫、诗人热姆丘日尼科夫、安年科夫、鲍特金。托尔斯泰认识费特可能也是 12 月的事。

1855 年 11 月 21 日涅克拉索夫致鲍特金的信中写道：

托尔斯泰到这里。他是多么可爱，多么有才气！处处表现得和蔼可亲，并且精力充沛，品德高尚，他就像是一只雄鹰！他的作品很出色，但是我觉得他本人比他的作品更加出色。

那张不算漂亮但却非常耐看的面孔，生机洋溢而又温文尔雅，看上一眼，使人感到非常舒服。我非常爱他。他给我念了他那部还没有加以润色的新小说的第一部分。匠心独具，异常精练，充满诗意。

他答应住下来，给第一期《现代人》写完那部《八月的塞瓦斯托波尔》。他给我讲了许多非常有趣的事。

托尔斯泰在度过了 4 年半的行伍生涯后，挣脱了羁绊，飞向了自由。他被名作家的地位所陶醉，像旋风似地驰骋于圣彼得堡，他谈笑风生、兴致勃勃，有时显得胆怯腼腆，有时涉及要害问题，突然变得慷慨激昂、雄辩滔滔，对那些公认的准则并不考虑很多，使得文雅的圣彼得堡人士为之惊慌失色。

除了在文学界交友以外，托尔斯泰到圣彼得堡的第一个月也拜访了他的上流社会的亲朋好友。首先应当提到的是他的堂祖母——普拉斯科维娅·瓦西里耶夫娜和她的两个女儿亚历山德拉·安德烈耶夫娜和伊丽莎白·安德烈耶夫娜。亚历山德拉和伊丽莎白是尼古拉一世两个外孙女的教师，住在冬宫。亚历山德拉后来跟托尔斯泰结成很深的友谊；托尔斯泰结婚前，她是托尔斯泰除哥哥和妹妹之外最亲近的人，他们的友谊一直保持到晚年。

当时上流社会的熟人里还有他的堂叔，1828 年至 1859 年间曾担任艺术科学院副院长的著名像章模型刻制家费奥多尔·彼得罗维奇·托尔斯泰。

据丹尼列夫斯基回忆说，托尔斯泰有一次到他的这位堂叔家里访问，正赶上客厅里在朗读赫尔岑一部最新的作品，托尔斯泰静静地进去坐在椅子上。等读完以后，他对当时普遍迷恋赫尔岑著作的情况进行了攻击，起初用词还是温和克制的，可是后来就激烈大胆起来。他态度诚恳，有根有据，以致丹尼列夫斯基在家里再也没有见到赫尔岑的著作。

19 世纪 50 年代，德鲁日宁、鲍特金、冈察洛夫常到他家里来。屠格涅夫的短篇小说《木木》是首先在这里朗诵的。托尔斯泰在这里朗诵了《八月的塞瓦斯托波尔》。

托尔斯泰这段时间过着悠闲自在的生活，对其他的事都不过多考虑。

托尔斯泰后来的挚友和崇拜者、诗人费特在他的《回忆录》中描写道：

　　屠格涅夫清早起床，按照圣彼得堡的习惯喝早茶。我在圣彼得堡短短的逗留期间，每天上午快到 10 时的时候上他家去，自由自在地聊聊天。有一天，我到屠格涅夫家里拜访，看到角落里有一把带安娜绶带的短剑。

　　"这是谁的短剑？"我问道，朝客厅门口走去。

　　"请往这边来，"仆人指着左边的走廊小声说，"这把短剑是托尔斯泰伯爵的，他就住在我们的客厅里。伊凡·谢尔盖耶维奇现在正在书房里喝茶。"

　　我和屠格涅夫谈了一个小时，由于担心惊醒正在门对面酣睡的伯爵，我们压低了嗓门说话。

　　托尔斯泰的可贵之处就在于不断地剖析自己，锲而不舍地要求自己在道德上追求完美。

　　1856 年 1 月，托尔斯泰无忧无虑的欢乐生活被打破了。他收到奥勒尔的来信，信中说，他三哥德米特里患肺病，生命垂危。

　　他当时很少想到德米特里。9 日到达奥勒尔，哥哥奄奄一息、瘦骨嶙峋的样子使他十分难过。

　　"我那时特别无情无义，"他在《回忆录》里像通常那样襟怀坦白，毫不留情地责备自己。"我在圣彼得堡出入上流社会，追逐虚荣。由圣彼得堡到了奥勒尔，我到奥勒尔只待了很短时间就离开了，没过几天他便去世了。"

　　托尔斯泰回圣彼得堡的途中，在莫斯科逗留了一段时间。在这里他结识了斯拉夫派作家谢尔盖·季莫费耶维奇·阿克萨科夫和康斯坦丁·谢尔盖耶维奇·阿克萨科夫。

　　托尔斯泰把《一个地主的早晨》的一些章节读给阿克萨科夫父子听，请他们提出"最严厉的批评"。他给阿克萨科夫父子的印象极好。

谢·阿克萨科夫 1856 年 2 月 7 日写信给屠格涅夫说：

> 我和康斯坦丁都很高兴认识托尔斯泰伯爵。他又聪明又
> 认真。

谢·阿克萨科夫接着说，"根据其向我们展示的禀赋"，认为托尔斯泰"极有文学前途"，见面以后这种期望尤其大。

托尔斯泰在莫斯科还认识了女诗人罗斯托普奇娜，并向她表达了结识奥斯特洛夫斯基的愿望。1 月 25 日，罗斯托普奇娜写信给奥斯特洛夫斯基，说"有个可亲得出奇的人托尔斯泰伯爵"希望跟你结识。托尔斯泰跟奥斯特洛夫斯基是在莫斯科还是在圣彼得堡认识的，我们不得而知，因为奥斯特洛夫斯基很快就到圣彼得堡去了。

几天后，托尔斯泰回到了圣彼得堡。他已不再住在屠格涅夫家里，而是搬到自己租的住宅里了。

1 月 29 日，托尔斯泰同屠格涅夫、冈察洛夫、格里戈罗维奇、车尔尼雪夫斯基和德鲁日宁一起在涅克拉索夫家里吃完午饭，听了屠格涅夫精选的费特诗集的朗诵。费特给托尔斯泰的印象极好。可能他们俩从这时开始就更加接近起来。

2 月 2 日，托尔斯泰得知三哥去世的消息，十分悲痛。他在日记里写道：

> 德米特里哥哥去世了，这个消息是我今天得到的。从明
> 天起，我要珍惜时光，以便回首往事时心中坦然。

受到文化界追捧

在圣彼得堡，托尔斯泰受到了文化界人士的追捧。屠格涅夫说道：

俄国出现这样一位伟大的作家，是一种奇迹。不但如此，在枪林弹雨中能写出如此伟大的战记，并且是由一位职业军人所执笔，则更是奇迹。

对屠格涅夫的赞誉颇具同感的人们，把托尔斯泰当作一颗闪耀在文化界中的新星，热情地欢迎着托尔斯泰。

当时圣彼得堡的优秀文学力量都团结在《现代人》杂志周围，而莫斯科的优秀文学力量则集中于阿克萨科夫支持的《祖国纪事》杂志周围。

《现代人》杂志创办于1836年，普希金是它的创办人之一。别林斯基有一段时期曾经直接参与该杂志的编辑工作，稍后涅克拉索夫和巴纳耶夫购下了这个杂志，当时的优秀作家都参加编辑，使得杂志扶摇直上。

当时的作家们大概自己也不曾意识到自己的作用，没有想到他们共同创造了俄国文学和俄国文化一个大放异彩的时代。这些作家们各辟蹊径，描绘自己熟悉的生活，塑造新的性格和典型，熔铸自己独特的风格。

托尔斯泰是文坛的后起之秀，他非常珍爱正在产生的意念和形象，寻求自己独特的表达途径。然而这点却对他后来的生活产生了很大影响。

当托尔斯泰把《童年》送到《现代人》杂志社时，并没有使用托尔斯泰的本名，而是用了自己的笔名；待托尔斯泰摘下这一副假面具后，以列夫·托尔斯泰的本名发表作品时，文坛上的一切期待好像都集中在托尔斯泰身上了。

这时，正当亚历山大二世农奴解放运动的前几年，俄国已进入觉醒时期。

知识分子或文学家都集中在首都圣彼得堡，等待着文艺解放的论战。人们也认为社会的进步或文明的进展，都得由这些高级知识分子来推动，而托尔斯泰就是在此情况下被人们欢迎着。

那时托尔斯泰在日记上写着："我认识了俄国人民对真正的功劳是如何地敏感，那些文化界人士都争相与我做朋友，热情地握手，又要我详细说明战争的激烈状况。他们以晚宴招待我，我感谢他们的招待，也兴奋地叙述了一些战争的情形。"

虽然托尔斯泰感到欣喜若狂，但是内心却一直隐藏着寂寞与空虚。这种心情在与那些作家之间出现矛盾后表现得极为强烈。

托尔斯泰来到圣彼得堡时，《现代人》的作家中已经开始出现不和，这种不和是由对祖国的前途和对废除农奴主特权的方法、途径的看法上的分歧而引起的。过了若干年，这种不和加剧了，从而导致了屠格涅夫、冈察洛夫和格里戈罗维奇退出《现代人》，继他们之后的还有年轻的托尔斯泰。

最早退出《现代人》的是自由主义者德鲁日宁，他主办《阅读丛书》杂志，和革命主义者展开了疯狂的斗争，恶毒攻击车尔尼雪夫斯基，挑动那些优秀作家和《现代人》争吵，并且竭力诱使托尔斯泰屈从于自己的影响。

最初托尔斯泰接受了批评家德鲁日宁、鲍特金和安年科夫的影响，这些人宣扬一种"纯"艺术的理论。但托尔斯泰很快就明白过来，这些人所宣扬的"纯艺术"纯粹是胡说八道，只有为社会生活利益服务的艺术才是真正有生命力的。

巩固托尔斯泰这种艺术信念的是涅克拉索夫和车尔尼雪夫斯基，他们对托尔斯泰的才华推崇备至。涅克拉索夫在 1856 年 8 月写给托尔斯泰的信中说道：

我爱您，因为您是俄罗斯文学的伟大希望，您为这个文学已经做出了贡献，并且还将做出更大的贡献。

当您明白在我们祖国，作家的作用首先表现在他是一个导师，并且尽可能还是那些无声无息、备受欺凌的人们的一个保护者的时候。

屠格涅夫也有心保护这个年轻作家，尽力帮助他，同他交好，但是这位年轻作家却不需要保护，而且渐渐的，连这个炮兵准尉本人也不知不觉地，以其坚强有力的肩膀把屠格涅夫推到了第二位。屠格涅夫虽然品格高尚、胸怀坦荡，也不免有些耿耿于怀。

托尔斯泰年轻，性情急躁，持论激烈，不能忍受任何虚礼俗套。屠格涅夫对他那些与社会舆论和传统，有时甚至是通常礼节相抵触的轻率议论感到刺耳。

于是，他们两个展开了激烈的争论。

托尔斯泰说："人是平等的，为了要使人类获得幸福，思想家要担负起重要的责任。在这些思想家当中，尤其是艺术家和诗人，他们应该以领导世人进入正确的人生道路为使命。"

但是，依托尔斯泰的观点来看，现在的艺术家或诗人，大都是不道德而无人格的奉承者，而托尔斯泰在军队中所认识的下层人物，他们才是真正具有高度热忱及牺牲精神的人。

当托尔斯泰想起了克里米亚敢死队战士们的英勇气概时，就说出了内心深处的话，以冲淡蕴藏在心中对那些讨厌伪君子产生的阴影。

屠格涅夫听到这些话后，就立刻反驳道："你不但是贵族出身，而且是克里米亚的勇士，这样说也不无道理。这点我很明白，你的口气中带有一些傲慢，但是不论你是怎样的一个身份，我也要纠正你说的话。"

托尔斯泰争辩说："你们都在想什么？你们能教导别人些什么呢？你们对这些疑问都不了解，更没有自问自答的意愿。你们该不会装做不知道来欺骗自己吧？你们难道不是认为艺术家或诗人们就可以在无形中领导、教导世人，而没有必要自省吗？"

屠格涅夫又反问道："你为何不相信人们的诚实呢？艺术家才是真正在挤对人的。请不要用那种让人讨厌的眼神看我？我快要受不了了！"

托尔斯泰的眼神本来就是锐利而具有权威性，如今又从战场上回来，所以他的眼睛里闪耀着猛兽般的光芒。屠格涅夫一定是不愿看到他的这种眼神，才会大加驳斥的。

"他没有一句话，没有一个举动是合乎情理的，"屠格涅夫说，"他老是在我们面前炫耀自己。一个聪明人卖弄自己身上没落的伯爵作风，这种愚蠢的自负实在令我无法解释。""哪怕是把这个俄国军官放在碱水里泡上三天三夜，也去不掉他身上那种贵族士官的鲁莽；不管你往这种人身上镀一层什么样的教育金，他身上仍然流露出野性。"

然而，屠格涅夫却是许多成名作家中，最先欣赏托尔斯泰作品的人，但是托尔斯泰对屠格涅夫从来都不客气。

托尔斯泰认为："屠格涅夫说话时那种长者式的、'父亲般的'口吻，就像淘气的孩子要挣脱羁绊一样，存心捣乱，继续跟拿笔杆子的同行们争执不休，发表一些甚至使得他的同情者都为之目瞪口呆的意见。"

这使得屠格涅夫极为生气。其他人也极力说道："托尔斯泰并不是我们的伙伴，他好像时时刻刻在监视着我们，如果我们做错了事，他就会把我们送进监牢的。"

托尔斯泰听到他们这样说，连忙解释说："不，我不会把你们送进监牢的，这是天大的误会！我之所以生气，是因为你们没有去体验人生，并且自认为特殊、优越，甚至以人类的领导者自居；我不喜欢你们的很得意的样子，我对你们的态度感到很失望。"

托尔斯泰并没有说错，他只是不加斟酌、直言不讳地将自己的想法说出来罢了。当托尔斯泰从乡下来到这繁华都市时，的确把这里的文学家看成是很神圣的人物。但他们并非是理想中的人，反而都是些轻薄之士、光会说理论的人，况且没有一个人愿意受苦受累。

托尔斯泰从小就轻视众所公认的准则。"大家都这么看，都这么做"这句话对他从来不具有约束力，有时甚至只要一听到"大家都这么做"这句话，托尔斯泰就如临大敌，对那种论调进行全面而尖锐的批驳。

他常常不沉着，甚至近乎粗鲁；情绪激动的时候，他特有的腼腆消失了，说出一些不中听的话，事后又追悔莫及。心平气和的时候，他知道他的激烈抨击不能说服人，而只有激怒人。

1865 年 12 月 3 日，托尔斯泰在日记里写道：

愿上帝保佑，不要像破坏蛹壳而留下赤裸裸的蛆虫那样，生硬地对对方施加影响；而应当哺养蛆虫，让它在蛹里长大，变成飞蛾之后脱壳而出。

托尔斯泰虽然这样批判他们，但是内心里也在不断自我反省。他每天都在不断反省，这可以从他的日记中了解到。他于 1854 年 7 月 7 日写道：

我对谦虚不是十分了解，这是我最大的缺点。我是什么样的一个人呢？我是退役中校的儿子，小时候双亲去世，受到姑母的精心照顾，没有接受过正规的学校教育以及社交修养。

17岁时，我便获得了自由，没有任何财产，也没有社会地位，只是想做一些自己喜欢的事情，既没有目的也没有乐趣，从而浪费了美好的时光。最后为了逃避债务的困扰，以及不良的生活习惯，而把自己放逐于高加索地区，在那里依赖先父与军队司令员的关系，在26岁时，当了掌旗官，不久便加入了达纽市部队。

我现在只有一份薪水，来作为维持生活的资本，别的没有任何金钱收入，因为我所有的钱还需要还债。我失去了监护人，也失去了社交能力，更是缺少知识与技能，但是我却有一颗赤诚的心。

我的面貌丑陋，脾气又不好，在别人眼里是个不知趣的人，更不懂得谦虚，总而言之，我在别人眼里没有好感，是个让人讨厌的人物。由于我具有孩子般的害羞，又没有学问，所知道的也只是短浅的一点知识而已。

我没有受到良好的教养，我也不懂得什么是节制，更缺乏做事的果断力，情绪不太稳定；让人啼笑皆非的是我的虚荣心太强，又容易激动，这些都好像成了无修养人的条件。我不是那么勇敢，生活也没有任何规律，而且懒惰、散漫。

不过，我是一位非常廉洁的人，也就是说我喜爱善；由于我养成了爱善的习惯，一旦远离了善，我就会感到心神不宁。但我对声名的喜爱更胜于善。我对荣誉强烈苛求，如果有人问我声名与善行选择哪一种，那最后会毫不犹豫地选择声名。我就是这样的一个人，一个虚伪的人。

托尔斯泰不断与文学家们进行辩论，他还不断地自我反省。对于前辈屠格涅夫，也毫不留情地以严词相对，尤其是他的那双锐利的眼光更应该反省。

最后，他不断地祈求神："您要常留在我身边，保护我啊！我非常感谢您，真的，您会引导我走向善；如果神不愿意帮我，抛弃我的话，那我不久就成了无用的尸骸。请您赐福给我，请您赐给我善。这是我毕生的伟大心愿！"

在克里米亚战争期间，托尔斯泰以使者的身份来到了贝德尔普鲁格，他一面接受文化界人士的欢迎，一面和屠格涅夫等人进行激烈的辩论，这是因为他的心情深受冷酷的战争所影响。

经过那流血的战争，不单是托尔斯泰本人，任何人的心都会变得冷酷无情。

在这期间，托尔斯泰完成军事任务后，又接到了新的命令，他被编入了坎史坦基洛夫将军的炮兵部队，不用再回到克里米亚了。

没有多久，克里米亚也获救了，8月，俄国与土耳其签了和约。

世界恢复了和平，托尔斯泰也就向军队告别，退伍返乡了。

对农奴制的思考

　　托尔斯泰在结束军旅生活后又投入了雅斯纳亚·波良纳的怀抱，此时，他对农民被奴役的现状更为不满。因此，他继续进行农业改革，同时，博览群书，创作《青年》。

　　1855年2月19日，亚历山大二世登基时，内务大臣兰斯基曾向各首席贵族散发通令，说新沙皇敕令该部"坚决保护历代先皇赐给贵族的权利"。

　　1856年3月19日，亚历山大二世向莫斯科的贵族发表演说，他提到："在对所有人都公正、对所有人都同样加以保护的法律的荫庇下，每个人都将在和平环境中享受诚实劳动的成果。"

　　沙皇的这次讲话没有公布，但迅速在全国传开了。解放农奴的问题，现在广泛讨论起来了。当时沙皇政府同英法等国的和约已经签订，如今感到进行改革的时机已经成熟了，听取并且顺应了社会舆论。

　　于是，贵族中的优秀和先进分子都开始采取措施解放自己领地上的农民。

　　托尔斯泰听了沙皇的演说后，便萌生了解放农奴的想法。1847年离开喀山大学的时候，他就想回家乡改善农奴的景况，结果因为农奴理解不了他的良好愿望而失败。1855年在克里米亚的时候，当时他正在构思《一个地主的早晨》，他在8月2日的日记里写道，这部小说的主题思想应当是当代一个受过教育的地主的正常生活"不能同农奴制并存"。

　　沙皇的演说，使他重新想起了这个问题。他在1856年4月22日的日记里写道："我对农奴制的态度使我不安。"

可是如何解放，他并不清楚，当时他还在圣彼得堡，第二天他就去请教历史学家和法学家卡韦林，从他那里拿回大量关于农奴制的材料。

"从卡韦林那儿回来之后，我挺高兴，充满信心，非常得意，"托尔斯泰在4月23日的日记里写道，"我要带一个制定好的草案到农村去。"

4月24日，托尔斯泰根据卡韦林的主张，制定了一个方案。4月25日，又去找后来成为著名农民问题改革活动家的米柳京。在米柳京那里又打听到许多有关情况，并得到了一份解放农奴方案。就农奴解放的一些具体问题，他当天便写信给内务大臣助理列夫申。

可是，托尔斯泰遇到了许多障碍。在把该草案呈送内政部之后，托尔斯泰碰到了政府通常的敷衍拖拉作风，弄得他一筹莫展。后来他总算带着自己的草案，满怀信心，高高兴兴地动身前往雅斯纳亚·波良纳，因为他摆脱了压在心头的一块大石头。

托尔斯泰途经莫斯科，在莫斯科停留一段时间，辗转回到家乡。进村后，他毫不迟疑，便召集农奴宣布自己的决定：将制定的草案付诸实现。可是临时他不知为什么改变了主意，没有宣布方案，而只是建议全村社由劳役制改为租金制，每户租金为26卢布。据托尔斯泰说，这个数目只是邻近地主所收租金的1/2。托尔斯泰觉得农奴们是有兴趣的。

第二天，托尔斯泰召开第二次村民大会，这次他看到农奴情绪不高，跟昨天截然不同。

很快，托尔斯泰就确信农奴对他的提议是根本不信任的。6月3日，他跟自己乳母的丈夫贾布列夫谈的时候，贾布列夫用聪明人的有克制的微笑回答他，那意思是说他已看透人家在骗他，他决不肯上当。还有一个农奴，托尔斯泰同他谈到租金时，他脸上流露出替托尔斯泰害臊的神色，认为托尔斯泰在设法骗人。

当天，村长就对托尔斯泰解释说，农奴们深信，新沙皇加冕的时候说"大家都会获得自由"，托尔斯泰知道此事，因此想通过契约把他们束缚住。

6月5日，又召开了一次村民大会。会上，农奴宣布不同意托尔斯泰提出的条件。6月6日，托尔斯泰又起草了一份新的合同草案。在这份新合同里，他迎合农奴的要求，提议要农奴选择：或者转为租金制，或者转为劳役制。

6月7日，托尔斯泰吩咐村长召集老人开会，讨论新方案。会开了，可是没有任何结果。托尔斯泰在日记里写道："他们那种顽固不化的态度使我很恼火，勉强克制住自己。"

在跟农奴谈话的影响下，托尔斯泰决定给当时担任国务委员会法制局局长的布卢多夫写信谈谈自己的想法。从他这封信的草稿里，我们可以看到：

托尔斯泰认为土地从历史公正的角度来看应当属于地主，但农奴则认为土地应属于农奴。

不管是带土地解放农奴也好，不带土地解放农奴也好，政府应当赶快解放农奴，否则会酿成大祸；他说："如果6个月之内不解放农奴，那就会出现燎原大火。"

托尔斯泰虽然认为带土地解放农奴是公正的，但他主张不带土地解放农奴，因为这样解放的速度会快些。

6月10日，托尔斯泰召开最后一次村民大会，让农奴表态是否赞同他的提议。经过一阵长时间的沉默，最后得到的是坚决拒绝。

托尔斯泰决定暂时把自己的方案放一放，等到秋天再说，因此把出国日期推迟了。

不知是托尔斯泰劝说的结果，还是农奴自己决定的，反正夏末，有 20 个农奴表示愿意接受租金制。

10 月 1 日，托尔斯泰在给塞瓦斯托波尔时期的朋友科瓦列夫斯基写信时又谈到了农奴问题，他说，如果政府不明确地把自己的计划公布出来，"我们会被宰掉的"。他指责政府千方百计地对亚历山大二世的话保密，而这个讲话却已经传遍了全国。他在信里说："既然说了需要考虑自由问题，那么忘掉是不行的。"主张无论如何，必须赶快解放农奴。他写这封信的目的，是希望科瓦列夫斯基能运用其在政界的影响促进农奴问题的解决。

托尔斯泰第二次接近农民的尝试，就此告吹。

农奴对他的良好愿望所表现出的不信任，深深地印在他的记忆里。当 40 多年后写《复活》时，他与农奴对答的内容全部写了进去。

这段时期他的《两个骠骑兵》脱稿了，这部作品按其心理分析的深刻性而言是一部天才之作，书中塑造了两类军人：父亲，这是一个大大咧咧的彪悍勇士，胸怀坦荡，放纵不羁，读者不由得对他发生好感；儿子，工于心计，低级庸俗，不讨人喜欢，这种人现在仍然可以见到。

托尔斯泰生机蓬勃，大自然、音乐、美女有如香槟酒似的使他陶醉，有时促进他的写作，有时勾起他追求个人幸福的强烈愿望和对异性的爱慕。他很清楚，医治他心灵和使他的生活走上正轨的唯一办法，那就是结婚。

当托尔斯泰离开莫斯科时，他偶然与他的朋友季米科夫的妹妹亚历山德琳·奥鲍连斯卡娅相遇，并像孩子似的热烈地爱上了她。

"我不认得奥鲍连斯卡娅了，"托尔斯泰在 5 月 22 日的日记里写道，"她变得这样厉害。我没料到会同她见面，因而她在我身上激起了极其强烈的感情波涛。就是现在，我一旦回忆起那个幸福曾经有可能属于我，而我失之交臂时，总会感到痛心疾首。"

尽管他觉得奥鲍连斯卡娅也会与他具有同感，他仍然决定起程。

从莫斯科回家乡的途中，托尔斯泰顺便拜访了阿尔谢尼耶夫一家人，此后便经常做客。在长期的接触中，托尔斯泰对阿尔谢尼耶夫小姐瓦列里娅产生爱慕之心。

托尔斯泰对她进行了仔细认真的观察，并把观察的结果记到了日记里，从 6 月 15 日至 8 月 12 日，记了近两个月的时间。从这些记载里，我们可以看出来他也曾经是犹豫不决的。

他一会儿觉得瓦列里娅淳朴可爱，一会儿觉得她轻浮愚蠢，一会儿爱得神魂颠倒，一会儿又觉得没有感情。

有很长一段时间，托尔斯泰甚至想到了和瓦列里娅结婚，甚至他还同瓦列里娅谈到了婚后的生活问题。他们谈到了结婚的仪式怎么举行，将来要生几个孩子之类的话。

11 月 13 日深夜，他久未收到瓦列里娅的信，开始给瓦列里娅写一封长信。他要跟心爱的姑娘谈谈婚后的生活方式。他给自己起名赫拉波维茨基，给未婚妻起名坚比茨卡娅。他首先给两人做了性格鉴定。关于自己，他说，我自己是个"精神上的老人"，"年轻时做过许多蠢事"，不过如今"已找到文学作为自己的道路和使命"。不知道自己的未婚妻是怎么样的看法。

而坚比茨卡娅的理想则和托尔斯泰迥然不同。"她的幸福是：舞会，袒露的肩膀，四轮轿式马车，钻石，跟宫廷高级侍从和高级副官的交往等。"他们的爱好刚好是相反的，但他们相爱。

他们是因为自己和对方是那么的与众不同而相互吸引着。他就是这样为自己和瓦列里娅的结合做准备。当他突然得到瓦列里娅同法国音乐教师莫尔蒂调情的消息时，心里一阵酸痛。

后来，他们的通信时断时续，最后，逐渐地没有了书信来往。

托尔斯泰想，这样的爱情和婚姻只会给双方带来痛苦。因为他们没有相似的世界观、人生观和价值观。如果贸然在一起也会最终造成两个人的痛苦。直到 12 月 12 日，他给姑娘写了最后一封信，宣告这段恋爱结束。他在信中说道：

> 我对您的态度没有改变，我感到我将永远像过去那样爱您，就是说对您怀着真挚的友谊。因为我从来不曾像爱您一样爱过任何女人。可是对于您的善良性格准备惠赐给我们的那种感情，我无法回报，又有什么办法呢？

托尔斯泰希望出国远游，与瓦列里娅天各一方，能够最终检验出自己对她的感情。

第一次出国旅行

1856 年春天，托尔斯泰在信号弹工厂请准了为期将近一年的长假。11 月 26 日，他等待已久的退伍也获得了批准。现在他没有任何牵挂，军职已经摆脱，同瓦列里娅的关系也已经了却，解放农奴的雄心壮志以失败告终，不再困扰他了。他准备出国旅行。

这次出国自 1 月 29 日出发，8 月 8 日归来，历时半年，游览了法国、瑞士、德国一些地方。

1857 年 1 月 29 日，托尔斯泰乘驿马离开莫斯科去华沙，从莫斯科到华沙很远，托尔斯泰一连走了 5 天，路上思考了《失落者》的写作问题。

这个时候，屠格涅夫已经在巴黎了，等待托尔斯泰前往。屠格涅夫在给巴黎朋友的信中说道：

"托尔斯泰来信说，他正逐步到我这儿来。从他的来信中可以看出，他正在发生非常有益的转变，我就像一个老保姆一样为此感到高兴。"

此时，屠格涅夫对托尔斯泰的态度也有了大的转变。他很希望他们重归于好。

托尔斯泰在华沙停留时，马上给在巴黎的屠格涅夫去电报问他是否准备在巴黎久住。屠格涅夫立即回电说准备久住，而且涅克拉索夫也跟他在一起。接到回电以后，托尔斯泰立即乘火车动身去巴黎，2 月 9 日到达巴黎。

当天，托尔斯泰就去找屠格涅夫和涅克拉索夫。但出乎意料，见面的印象并不愉快。

第二天，他就给鲍特金写信说：

我昨天抵达巴黎，并在这儿遇到了屠格涅夫和涅克拉索夫。他们俩都脸色忧郁，愁眉不展，对生活满腹牢骚，整天无所事事，郁郁寡欢，似乎他们每人都有自己的难言之苦。不过我很少见到他们。

屠格涅夫的神经过敏逐渐变成了一种可怕的病，此病同他那平易近人的作风和仁慈心肠结合在一起，这真是一种奇怪的现象。这种最初的印象使我感到忧心忡忡，更何况我在莫斯科生活了一段之后，至今还处于极度的乐观之中。我对德国虽然只是匆匆一瞥，但它给我留下了强烈而又愉快的印象。

在巴黎见到托尔斯泰后，屠格涅夫最初的印象是不错的。他在给沃隆斯基的信里说道："托尔斯泰抵此。他有了十分重大的良好转变。此人前程远大，而且会留下深刻的痕迹。"

可是很快屠格涅夫便感到失望了："我同托尔斯泰还是无法融洽，"他在给科尔巴辛的信中写道，"我们的观点相距太悬殊。"

尽管这样，两位作家仍然经常见面。并且一同前往第戎，似乎有一股神秘的力量使得他们互相吸引，而他们相聚的时候，又总是互相排斥。

"登门探望屠格涅夫，"托尔斯泰在1857年3月4日的日记里写道，"他待人非常冷漠，不是那么招人喜欢，但是很有艺术才华，心地善良。"

托尔斯泰多次表示他不可能同屠格涅夫融洽。"不成，我要躲开他。我对他的贡献作了充分赞扬，从各个方面迎合他，可是没法取得一致。"

托尔斯泰在巴黎逗留了一个半月，对巴黎的印象一直是好的。

巴黎是世界的文化中心，托尔斯泰曾写了一封信给姑姑，说道："真是快乐极了，我很高兴能有机会到国外旅行。巴黎真是个好地方，我发现许多有趣的事情，每天晚上入睡前，我都后悔日子过得这么快，许多想做想看的事情还未完成一半，天就暗下来了。"

托尔斯泰1857年3月24日给鲍特金的信里也讲得极为详尽：

> 我仍旧住在巴黎，快到两个月了；我无法预料什么时候这个城市才会使我对它失去兴趣，这种生活才会失去它的魅力。我是一个十足的不学无术的人；我在任何地方也没有像在这里这样强烈地感到这一点。因此，单凭这一点我就可以为我在这里的生活感到满足和幸福；况且，在这里我也感到这种无知并非不可救药。

> 再就是艺术上的享受，卢浮宫、凡尔赛宫、高等音乐学校、四重奏、剧院、法兰西学院和巴黎大学文理学院的讲课，而主要的是能够享受到社会自由，我在俄国对这种自由甚至是毫无概念的。

> 凡此种种，使我不能早于两个月，即不能在矿泉疗程开始之前离开巴黎或巴黎近郊的乡村，近日内我想迁到那里去住。

可是就在写完上面那段话的第二天，托尔斯泰去观看了一个执行死刑的场面。他看到了从来没有看过的可怕东西，因而完全改变了他的人生观。

托尔斯泰来到了断头台，看到了罪犯被斩首的实况。他心中战栗不已，在他来到这里之前，他还是一名战场上的勇士，曾经看过数以万计的伙伴们战死，但在这里所看到的却比战场上的死更为可怕。

在这里，既不能发挥勇敢，也无法表现尊严，有的只是代表人类的残忍。托尔斯泰一想到它就不禁毛骨悚然，在日记上他曾如此记载着：

过了6时，我去看执行死刑的情形。一个白净而健康的下额与胸膛，向《圣经》亲吻过，然后就被处死，真是残酷极了。

我在战场和高加索见过许多可怕的场面，但是即使当着我的面把一个人撕成碎块，也没有在一瞬间把一个身强力壮的活人杀死那么令人反感。

因为在战场上占上风的不是理智的意志，而是感情的冲动；而这儿却周密细致地使杀人变得不动声色，方便易行，没有丝毫壮观之处。

这是一幅强烈而令人可怕的景象。我并不是政治家，但我懂得艺术与道德，不仅是懂得，而且还喜爱它、深信它。

断头台，使我失眠了好几个夜晚，也让我一再自我反省。

第二天醒来觉得不舒服，刚想要读书，就产生了一个想法：离开巴黎。可是上哪儿去呢？他当时心绪不佳，急需找一个体贴入微的亲近的人谈谈。他想起了当时在日内瓦的堂姑亚历山德拉·安德烈耶夫娜·托尔斯泰娅。

于是托尔斯泰立刻向瑞士日内瓦出发。到达日内瓦的第二天，托尔斯泰就去找堂姑。她们就住在日内瓦附近的波卡日别墅里。

亚历山德拉·安德烈耶夫娜在其《回忆录》里说，托尔斯泰一见到他们就说："我是从巴黎直接来找你们的。巴黎那么使我厌恶，险些使我精神失常。那儿的一切都叫我看够了！在我所住的公寓里，住了 36 个家庭，其中 19 个是非法同居。这使我十分愤慨。后来我想试试自己的胆量，去看了一次处决犯人的场面。看完以后睡不着觉，不知躲到哪儿好。幸好偶尔听说您在日内瓦，便拼命赶到您这里，相信您能救我。"

亚历山德拉·安德烈耶夫娜接着写道："的确，他把心里话都说出来之后，就很快平静下来，我们一起过得好极了。"

托尔斯泰在日内瓦逗留了两个星期左右。4 月 21 日同亚历山德拉·安德烈耶夫娜乘轮船去克拉兰。

周围的风景，使他的心情渐渐缓和下来，尤其是日内瓦湖畔，那是他所喜爱的作家卢梭的出生地。

托尔斯泰的心情被那一幕断头之刑搞得混乱不堪，但他冷酷的灵魂，却因日内瓦湖的美丽风光而得到慰藉。

托尔斯泰不满足于在附近散步，他要到远处去游历。他找了一个认识的 11 岁的小男孩做伴，因为他想听听孩子的观感。他背囊里装着形影不离的日记本和备用的白纸，准备住宿或路上休息时写些旅途见闻。他们没有固定路线，起初徒步，后来累了就乘马车或坐船。

从 5 月 27 日至 6 月 6 日，这次旅行持续了 11 天。回到克拉兰以后写旅途见闻，可是只写了两天就撂下了，还有一篇《1857 年日记摘抄》手稿也没有写完。

旅行回来以后，托尔斯泰精力充沛，同时动手创作了以下作品：《发疯者》、《逃亡的哥萨克》、《狩猎场》、《青年》第二部，以及《旅游日记》。

6月30日，托尔斯泰离开克拉兰，来到日内瓦，3天后又到了伊维东，然后就到了瑞士首都伯尔尼。7月6日，到达卢塞恩，当时亚历山德拉·安德烈耶夫娜在那儿。他找了一家最好的旅馆作为住所。

第二天他看到一个音乐家的遭遇。这件事使他感触颇深，写成短篇小说《琉森》。

托尔斯泰在国外游历期间仍然赌博。在德国巴登赌博，钱输光了，向一个法国人借，又输光了，便向刚到巴登的屠格涅夫借，最后不得不向他的堂姑亚历山德拉借贷。

1857年7月7日的日记里写道："从早到晚赌钱。没出息，下流坯！"在同年7月25日的日记里又写道："很久以来我良心不曾受到这样的折磨。"

托尔斯泰受到良心的谴责，极为痛苦，便到法兰克福找堂姑亚历山德拉寻求安慰和同情去了。

后来，托尔斯泰又到德累斯顿住了几天，参观完博物馆，于1859年8月8日他回到了雅斯纳亚·波良纳。

第一次出国的意义是使托尔斯泰亲眼看到了欧洲的生活。对欧洲的生活，他以前只是通过书本或者别人的讲述了解一些，认识模模糊糊。如今在法国和瑞士游历了6个月之后，他不仅看到了当时专制俄国所远远没有的"社会自由"的种种表现，而且也看到了这两个共和国的阴暗面。

为了村中贫穷的儿童们，托尔斯泰再次留在村里开办学校。但是一般农人都非常惊异，因为当时学校大都是为商人或地主的孩子们专设的，所以根本没有一所是设在农民居住的村落里。当然，托尔斯泰必须先将他们这种陈旧的想法纠正过来。

回乡兴办教育

托尔斯泰出国归来，在圣彼得堡逗留了几个星期。返回雅斯纳亚·波良纳之后，他就一门心思创作起《卢塞恩》来。

《卢塞恩》写的就是他游历时在卢塞恩的那次"奇遇"。

然而这次巴黎旅行使托尔斯泰的心情十分沉重，他看到了人世间的不公平，尤其是俄国广大农民的贫困、愚昧和落后，更使他焦灼不安。他找不到出路。

除了创作时间外，他完全把自己投入到大自然中了。他开始重整已经荒芜不堪的庄园，新栽植了大片树木，扩大了林地面积，把雅斯纳亚·波良纳点缀一新。

大自然是如此神奇、美妙。托尔斯泰每天都能从大自然中发现瞬息万变的美。不管风雨阴晴，他都坚持到大自然中去散步。

他来到附近的庄园，那里有他的亲友，有他一度热恋过的瓦列里娅。虽然这支爱情插曲早已结束，但是，曾经在他心灵上震颤过的旋律，却仍在耳畔萦绕。这促使他用艺术形式把它再现出来。

1858年，他开始了长篇小说《家庭幸福》的创作。小说写得很顺利，1859年4月脱稿，并于同年发表在《俄国通报》上。这是一部试验性的作品，它表达了托尔斯泰对婚姻、家庭和妇女地位的见解，为他后来史诗性巨作中的妇女形象的创作做了准备。

就在托尔斯泰接近大自然的日子里，就在他投身于农业改革和文学创作期间，他一直在思考着农民命运的问题。他感到当务之急是国民教育。他想通过普及教育达到摆脱贫穷愚昧、消除社会罪恶的目的。于是，他把注意力全部转向了教育。

兴办学校，发展教育事业，培养新一代有文化、高素质的农民。经过一段时间的紧张筹备，托尔斯泰终于在自己的庄园创办了一所学校。

学校设在一座两层的石头房子里。这座房子也就是所谓的厢房，其中的两个房间充当学生的教室，另有一间作为教师的办公室，剩下的两间是教师的起居室。在楼房的大厅前吊着一个小钟，那里排放着各式各样的体育用品，课程表就在被雪和泥土覆盖的楼梯口处悬挂着。

每天上午8时，雅斯纳亚·波良纳的托尔斯泰学校就会传出响亮的钟声。大约半个小时，那边丘陵上出现了上学的学童。

这些学童们从来不带书本，也不背书包，他们的书和文具都在教室里放着。他们每天来往于学校，都是两手空空，因为这个学校从来就没有作业，也不需要复习昨天所学的课程，也不需要温习今天要学的科目。这样学童就保持了头脑清醒、活泼可爱的一面。他们只需要用清醒的头脑思考，并对今天的课程感兴趣就可以了。

当老师没有进教室前，学生们都非常自由，他们在教室里打闹、聊天或把同学的书本藏起来，或玩捉迷藏游戏，以这样的方式来打发无聊时刻。有些学生就在雪地上滑冰，或在操场上追逐，或打雪仗。

在这所学校里，学童大多数是淳朴的农家儿童，因而也就没有男女差别。他们在一起玩，在一起聊天，彼此都互相帮助，尊重对方。

这所学校有着特别之处，学生迟到了也不用担心会被老师惩罚，况且座位也不是那么固定，所以学生们可以任意找一个座位，或与好伙伴坐在一起上课。

学生所要学习的科目主要有：读本、理科、文法、算术、作文、生物、俄国史、《新约圣经》、书法、仪器画、自由画、音乐、说话练习等。上午的上课时间为4个小时，不过偶尔会有3个小时或两个小时的课，这样学生就多了一些自由时间。

这里的老师对教学事业非常热爱，常常是将课程延长为两个小时或更长时间，学生个个听得津津有味。下午 2 时左右，学生们才回家吃中饭，而后又回到学校，继续上课。有些时候，学生要上到很晚，甚至上到晚上 8 时。

学校所追求的是自由主义，学生是否来上课，是否进教室，都是由学生自己决定的。同时，学校也免去了学生的学费。全校学生是男女合班，有 40 名左右。学校的教师并不多，除托尔斯泰本人外，还有 3 位大学生。

这就是 1859 年托尔斯泰所创设的农民学校的情形。1847 年，托尔斯泰 19 岁时曾首次创办过学校，现在则是第二次从事教育工作。因为在他的心中始终有着一种思想，认为有才能又有学识的人，不应自己享受知识，也应该让别人分享。

托尔斯泰的家庭显赫，而今又成了著名小说家，曾到国外旅行，积累了丰富的新知识、新观念，所以他急于想将这些新知识，让村里的儿童们分享。当初所办的学校不是那么理想，这次办学校便有了经验，所以托尔斯泰做任何事都非常细心谨慎。

为了让喜欢学习的儿童们对入学感兴趣，所以他先从小学教育开始，然后再逐渐充实扩大。

托尔斯泰亲自教给孩子们字母。经过七八个月的学习，孩子们就能够写信、写短文、读书和演算不太复杂的四则运算题了。他要求学生道德纯洁，自觉遵守纪律，热爱劳动，并富有正义感。

为了培养这些优良品质，他还经常给孩子们上历史课。讲拿破仑如何从莫斯科逃走；克里米亚战争如何惨败。孩子们听得时而欢笑不已，时而愤怒地挥着小拳头。下课后，他又常常领孩子们去散步。孩子们围着他提出各种各样的问题，他都耐心细致地予以回答。

当时，学生来上学并不是很顺利的，由于家长的种种不理解，致使招收学生的工作进展得很慢。

托尔斯泰曾多方面游说儿童们的家长："请让喜爱玩耍的孩子到学校来吧！我们非常欢迎他们的到来！"

托尔斯泰的得意门生之一瓦西里·莫罗佐夫也在他的回忆文章里写道：

我们雅斯纳亚·波良纳全村的人接到通知说，托尔斯泰伯爵准备在雅斯纳亚·波良纳开办一所学校，欢迎孩子们去上学，不收学费。大家奔走相告，聚在一起商量，七嘴八舌，议论纷纷。

有些父母担心这是一个骗局。教书不要钱，哪有这么好的事。也有的父母认为，如果把孩子送去上学，伯爵把他们训练出来后，就交给沙皇去当壮丁，正好挨土耳其人的子弹。

而有的父母不这么认为。"过去的事，亲眼见过了，以后的事，会见到的。应该送孩子去上学，这是白捡便宜的事儿。"另外一人说："我可要把我的孩子送去。"另外两人跟着也做了同样的表示，最后大家都想通了："我也把我家的孩子送去。"

这样，农民的孩子都陆续上学了，也使得学校里热闹非凡，更使得托尔斯泰兴奋不已，他看到自己努力后的结果是那么样的成功，孩子们能在学校里认真地学习文化知识，这将是造福后代的一件大事。他觉得很有成就感，于是开心地笑了起来。

托尔斯泰并不因学校小而感到自卑，相反他开始对教育以及如何能使学校办得更好而努力着，并进行深入的研究，因此他从研究中获得了一些发现。

他首先发现的是，自己的理想虽然很高，但是在学校管理经验方面还比较欠缺，也可以说对学校的行政事务完全不通。

所以他不管是遇到本国的，还是外国出版的教育学方面的书籍，都要立刻买回来阅读；也不管路途有多么遥远，他都去向优秀的教育家们请教。他也曾到各地的学校或私塾去参观过，每一次都能获得一些非常好的经验和心得。

这样，托尔斯泰就打算到西欧各国的学校去参观一下。有了这种想法后，他就迫不及待地前往。正好这个时候大哥尼古拉在德国患病，他就去德国看望哥哥，顺便到西欧各国访问。

第一次旅行，主要是为了吸收西欧的文化，而对学校的教育不怎么重视；但是这次西欧之旅，主要是以考察各国的学校教育为目的。

开办理想式的学校

1860 年 7 月，托尔斯泰同妹妹玛丽亚一同去看望在德国住院的大哥尼古拉，开始了他第二次西欧之旅。他称这次旅行为"游历欧洲的学校"。

大哥尼古拉住院期间，他的咳嗽加剧，一天不如一天，形销骨立，这都是由于大哥经常喝酒而导致的。让人悲痛的是，尼古拉在他们去探望后不久就去世了。

托尔斯泰此时的心情非常沉重，大哥是他最敬佩的人，因为尼古拉是一位仁慈的哥哥，不论遇到什么困难，都会对托尔斯泰关心照顾。

大哥去世后，妹妹就带着他的遗骸回故乡安葬，托尔斯泰就此与妹妹告别，开始自己的教育考察工作。

他先后到了德国、法国、意大利、瑞士、英国、比利时等国家，参观、访问了许多学校和幼儿园。

托尔斯泰所访问过的那些学校，到处都是棍棒式的纪律、残酷无情的体罚和机械式的死记硬背。

在访问了基辛根城国民学校之后，托尔斯泰在 1861 年 6 月 17 日的日记中写道："我参观了学校。太可怕了。那些学校的功课表上好像排满了为国王祷告以及体罚、默诵三种活动。儿童们都呈现出战战兢兢、乖僻、心理不正常等现象。受了这种德国式束缚教育的学生们，个个都面带铁青色，看不出一点快乐的样子，也看不到任何前途光明的迹象。"

托尔斯泰参观过法国孤儿院后，在日记中写道："4 岁左右的孩子们一听见哨声，就像士兵一样，围着长条凳做一些机械动作，按照口令举起双手又把它们放下来，用颤抖而奇怪的声音唱赞美上帝和他们恩主的歌曲。"

在英国，学校的全部注意力都用来培养孩子们的宗教情绪和对长者、主人的驯服精神。孩子们的知识都得来自校外和街头，学校没有教给他们什么知识。

当托尔斯泰回到俄国，开始了解孩子们在初等学校是怎样学习的时候，他发现在德国看到的那种学习方法也同样贯穿在俄国教育部门。

这样的教学方法，连最聪明的学生都变得茫然不知所措，在类似这样的问题面前呆若木鸡。这样的学习只能使学生越学越蠢，造成他们对学习的反感。

托尔斯泰在访问了国外的和俄国的许多学校之后得出这样一种印象："你能看到的只是孩子们愁眉不展的面孔，填鸭式的硬灌，再就是急不可耐地等待下课，恐惧万分地等待教师的提问，这种提问往往是逼着孩子们做昧心的回答。"

最后综合所得的结论，托尔斯泰认为他们的教育方法并不适合于他的理想，所以托尔斯泰并不想模仿他们。

因为自己的国家并不是法国，也不是意大利，他们的教育方法虽然可供参考，却不能一成不变地抄袭或模仿。雅斯纳亚·波良纳的学校是托尔斯泰创办的，必须贯彻他的理想，他认为西欧的教育离他的理想相当远。

所谓西欧进步的教育，虽然不能一概而论，但大都是将所规定的各种学科，从单方面灌输给学生的教育方式。

托尔斯泰完全反对这种填鸭式、充满了严厉规则的教育方法。

在那些强制性较小的学校里，学生的学习兴趣要高于强制性大的学校。不要对学生太过于束缚，应让学生们的性格自由活泼地发展，并慢慢引导他们，这才是好的教育方法。

如果某些同学愿意做某事，就让他们去做好了；如果他们愿意和邻座同学说说话，那也给一定的自由；若是他们想玩游戏的话，那就让他们玩一玩掷骰子。这样的教育方法，必定会秩序混乱而无法收拾，为防止这种情形发生，那就要制定出一些规矩来，要求师生共同遵循。

然而，也不能太过于严厉。例如给学生讲一些有趣的故事，或让学生解答一些有意义的题，其中一位同学到台上写答案，另一位同学加以更正。这样一来，每个人都需要开动脑筋，每个人都有事做，他们就不至于闲极无聊而去做打闹的事了。

托尔斯泰认为这种办法极为合理，但是这样的方法不能过于严格也不能太放松；可是有些学校的老师们，却根本不愿去考虑这些问题。

如果将教育方法比喻为投掷豌豆的话，那么德国式的教育方法，就像掷出去的豌豆一样，在碰到墙壁后又弹回来了，收不到任何实际效果。

俄国的教育就需要俄国式的方法。但是过去的俄国式和现在托尔斯泰所见到的俄国式竟完全没有两样，于是他就想出了自己独创的俄国式教育方法，正确地说，应该是托尔斯泰式的教育方法。

托尔斯泰在1862年年初写道："没有一种教学方法是坏的，也没有一种教学法是好的。教学法的缺点就在于完全遵循一种方法。而最好的教学法恰巧是不墨守成规，而是熟悉所有的教学法，综合运用并且根据所遇到的问题创造新的方法。"

"能够随时解答学生遇到的疑难的老师，才算是好老师。教师只有熟谙教学法，有推陈出新的能力，而主要的是不墨守成规，认识到所有的教学法都有片面性，最好的教学法要能解答学生所遇到的各种疑难。"

托尔斯泰决定在自己创办的学校里，采用更理想的教育方法。既没有体罚，也没有严苛的纪律，讲求自由化，因材施教，不拘一格。当时并不仅是西欧的国家，就在俄国的一些学校当中，体罚学生也是很常见的，可是托尔斯泰没有制定处罚的原则。

教育的目的主要是让学童体验人生的乐趣，与他们共同研究人生经历的各种问题，让他们学习活生生的人生，这才是最重要的；其次才是让学生学习书本上的知识。这就是托尔斯泰的教育观。

热爱儿童，眼界开阔，具有独立见解，不墨守成规，这是从事儿童教育的必备条件。托尔斯泰具有天赋的教育家的才华，他很容易与儿童打成一片，态度很自然。

因而第二次旅行归来后，他更希望与学童们在一起，与他们共同生活，一起体验人生的乐趣。

托尔斯泰偶尔也会和学生们一起玩雪橇，或和他们一起滚雪球。有时托尔斯泰还送他们一些学习用具，如铅笔、小刀之类的；有时也会给他们一些糖果。

托尔斯泰还力求使孩子们养成劳动习惯。春天的时候，托尔斯泰把自己的3000平方米土地给学生们用，让学生们自由耕种。孩子们在土地上培植亚麻、豌豆、胡萝卜等，成熟以后自己动手收割，收获的果实则全部归他们所有。

他采用这种教育方法后，逐渐发觉农民的儿童远比同年龄的贵族儿童更优异、更聪明，进步也更为神速。如此一来，他现在所创办的这所学校和第一次创办的截然不同了，不但受到家长们的欢迎，还得到了大力支持。

1861年5月初，托尔斯泰信心百倍地投入了自己学校的建设。他除了继续料理学校事务之外，又忙于撰写教育论文，并着手出版《雅斯纳亚·波良纳》教育杂志，整天忙得不可开交。后来，他又在附近农村办起了20余所学校。他所领导的学校，成了独一无二的教育实验所。

但是托尔斯泰在教育事业上不能只办几所学校就止步不前。他所取得的辉煌成果使他产生了在全俄国普及国民教育的想法，于是他写了封信给颇有交情的国民教育大臣的兄弟柯瓦列夫斯基，探询他那个大臣的兄弟对成立"国民教育协会"持何种态度。

托尔斯泰认为，国民教育只有依靠人们和社会的努力才能兴办起来。

托尔斯泰当时写道："俄罗斯人民最迫切的要求是实行国民教育……这样的教育现在还没有。"但是沙皇政府不予批准，托尔斯泰于是写道，他哪怕是一个人，也要建立一个"国民教育秘密协会"。并为此还提出了一个兴办国民教育的纲领。

1861年，废除农奴制度的俄国地主和农民在土地上的矛盾越来越尖锐，纠纷也越来越多，于是各地纷纷产生了居间仲裁的角色。托尔斯泰在当地被推选为地主与农民争端的调解人。在处理这些争端时，托尔斯泰总是设法从各方面维护农民的利益，因而招致贵族们的愤恨与攻击。

托尔斯泰为调解纠纷、学校教育、办杂志忙得不可开交，但却没有一项工作能令他满意。他觉得体力不支，怀疑有肺病，于是便把一切抛诸脑后，到萨马拉大草原做马乳治疗去了。这时，警察接到一个密探的报告，说托尔斯泰的宅邸有一个秘密通道，里面藏着印刷机。于是一个上校带领一帮宪警，对托尔斯泰的庄园和宅邸进行了大搜查，最后连池子里的水都吸干了，可是除了虾和鲤鱼外，什么都没有发现。托尔斯泰得知消息后，愤怒至极、忍无可忍，即刻疾书至沙皇，表示了强烈抗议！

这次不讲理的搜查行动，使他的学校乱得不成样子，村民们都非常惧怕，再也不肯让子女们来上学了。托尔斯泰忍受不了这种屈辱，于是激动地写了一封信给俄皇亚历山大二世，请求他惩罚这些趁主人不在时乱搜民宅的宪警，纵然不处罚的话，也得公布他们的罪行。

托尔斯泰认为如果这件事没有得到圆满的结果，那就没有再继续待在这个国家的必要，因此他准备移居到国外去。后来亚历山大二世派了一位侍从官到托尔斯泰家来，向他说了声"请原谅"，这件事就这样不了了之。

托尔斯泰再次创办学校失败，学校终于关门了。

文学创作

　　不要把学问看作是用来装饰的王冠，也不要把学问看作是用来挤奶的奶牛。

　　　　　　　　　　　　　　　　　　—— 托尔斯泰

创作 《战争与和平》

托尔斯泰为了创办农民子弟学校，曾费尽了苦心，同时又当上农事裁判所的调解员，忙着调解地主与佃农间的纠纷。如此忙碌的生活所带来的疲劳，使托尔斯泰感觉非常劳累。

撒马拉的马乳酒虽然能使他疲惫的身体获得一些力量，但却无法治愈他心理上的创伤。

托尔斯泰没有很好的朋友，因而他常常感到很孤独。当他物质生活不匮乏的时候，倒有很多逢迎他的朋友；可是当他专心追求真理时，却没有真正知心的朋友了。

此时，托尔斯泰强烈地渴望获得家庭的幸福生活，所以心情也急剧地开始动摇。

从国外归来的他经常去莫斯科一位早有亲密交往的著名的宫廷侍医贝尔斯的家里做客。贝尔斯一家人以为他看中了大女儿丽莎，实际上，他爱慕的却是二女儿索菲娅·安德烈耶芙娜。索菲娅自幼酷爱文学和绘画，常常试作小说，甚至能把托尔斯泰的《童年》整段地背诵下来。

就在索菲娅和她母亲、姐姐来到乡间庄园的傍晚，随同前来的托尔斯泰怀着胆怯的心情，把几个词的字头用粉笔写在桌子上，给索菲娅看，这真有点近似智力测验了。原来这些字头的意思是：他爱的不是她家里人所猜想的丽莎。索菲娅看后忍不住羞怯地笑了。

1862 年 9 月间，托尔斯泰又到莫斯科。索菲娅的父母对他不遵照习惯向长女求婚有些不满，不再热情接待他了。在这种情况下，他有些心灰意懒。可是他终究摆脱不了这种感情的折磨，最后，他下定决心写信，向索菲娅正式求婚。因为他已强烈地感觉到他这种爱的希望，已经变成为热烈而真实的爱情了。

当他把兜里揣了好几天的信交给索菲娅后，索菲娅简直不知所措。姐姐丽莎让她回绝，母亲却启发丽莎说，假如索菲娅拒绝，托尔斯泰也不会去爱另一个人的。这样，索菲娅激动地向托尔斯泰走来了。那时，索菲娅18岁，托尔斯泰34岁。

9月23日这一天，这对恋人在宫廷教堂里举行了婚礼。不久，托尔斯泰便带着他的新婚妻子回到了家乡。

10月15日，雅斯纳亚·波良纳的学校关闭了，教育杂志《雅斯纳亚·波良纳》也停刊了。但是托尔斯泰一直没有放弃写小说。

1863年2月中篇小说《哥萨克》发表。《哥萨克》受到文学界尤其是费特和屠格涅夫的好评，使托尔斯泰颇受鼓舞。这不能不对托尔斯泰走向《战争与和平》的创作起到一种推动作用。

这时，托尔斯泰的精神状态也对他创作《战争与和平》这样的鸿篇巨制颇为有利。1863年秋，他给堂姑亚历山德拉·安德烈耶夫娜的信里说："我已经是个有妻室并且做了父亲的人。我对自己的境况十分满意，而且我对这种境况已经十分习惯。这种情况为我提供了施展才能的广阔天地。我从来也没有感觉到自己的智力，甚至整个精神力量，能这样任意驰骋，这样有利于工作。"

1860年，他在国外游历时曾遇到过从西伯利亚被赦免回来的著名十二月党人沃尔孔斯基。同沃尔孔斯基的长谈使他产生了写一部描写十二月党人的小说的想法。

1861 年 3 月 26 日，他从布鲁塞尔写信给赫尔岑说："我在 4 个月前开始构思一部长篇小说，主人公是从西伯利亚回来的十二月党人。我本想同您谈谈此事，可是没来得及。我写的这个十二月党人应是一个狂热者、神秘主义者、基督徒，1856 年带着妻子和一儿一女回到了俄罗斯。他用严厉的多少有些理想主义的眼光来衡量新俄罗斯。这种题材是否适合时宜，请把您的看法告诉我。我给屠格涅夫读了开头；最初几章受到了赞扬。"这部小说只写了 3 章就放下了。

此后，托尔斯泰一度沉浸在家庭生活的幸福之中。但是他很快就清醒过来了，于是，他在最好的生活环境之中，开始了新的艺术耕耘。这时他艺术上的重大革新特征已经形成，解决新的更为复杂的艺术课题的时机也日臻成熟。这是经历了 19 世纪 60 年代的思想准备和艺术准备之后迎来的史诗创作的时期。

从 1863 年至 1869 年，托尔斯泰整整花了 6 年的时间，完成了《战争与和平》。

托尔斯泰为使描写的人物更逼真，翻阅了书房中有关的参考书籍。如此一来，书房堆积得好像一座图书馆似的。

不但书房变成了图书馆，一连很多次，托尔斯泰都到莫斯科的陆米捷夫博物馆去找寻当年的宝贵资料，或是去各个图书馆找书籍，以及与小说中每个真实人物有关的各种记录或日记等，作详细的研究。

不仅如此，他还专门访问了 1812 年战争的参加者，亲自巡视了当年鲍罗金诺的战场，并在那里草拟了该战役的写作计划。

尽管这样，托尔斯泰的创作仍然面临着难以驾驭的困难。宏大的艺术构思与传统形式发生了严重的抵触。他担心自己写出的东西不会符合任何一种文学形式。

作为艺术革新家的托尔斯泰，在经过了长时间的痛苦历程之后，终于决定打消一切顾虑，去写非写不可的东西，而不去考虑这样做会产生什么后果，也不考虑给作品以什么名称。

托尔斯泰认为过去所发表的作品都是他的试笔，这一次的巨作，才是他的真正作品。托尔斯泰灌注了所有的心力在这部作品中。

托尔斯泰在创作的头一年差不多都用来探索小说的开头了。他自己说过，这本书的创作"开始了无数次，又放弃了无数次"。在他的档案库中保存了15种小说开头的异文。

写作是件苦事，因为一部巨著中的人物不但繁多，并且应各自具有其独特的个性，他必须经过再三的推敲与熟虑，不断地重新安排角色，这确实是很艰难的差事。

《战争与和平》虽然写的是历史，但作品中的某些事件、场面和自然环境，也多是从他所经历的上流社会和雅斯纳亚·波良纳的生活中提炼出来的。

托尔斯泰在生活中有着极其广泛的爱好与兴趣，这在《战争与和平》中都有生动的反映。他酷爱运动，能骑善猎，并于1864年秋，利用创作《战争与和平》的空隙时间，又骑上他最喜爱的英国纯种马，带上两只猎犬出猎了。

半路忽然跳出一只兔子，他起初无心去打，可是猎犬追上去了，他也就放开马缰驰骋起来。当时道路很滑，马在飞奔中突然失蹄，他从马背上滚落下来，昏厥过去。待苏醒后，他怕妻子担惊受怕，便来到一个农民的家里。

索菲娅闻讯，急速跑来把他接回家，并连夜请来大夫为他接骨，但一直未愈。后依照岳父贝尔斯的建议去莫斯科治疗，在那里，专家们重新为他施行了手术。

即使这样，他也没有停止已开始了的创作。在莫斯科治疗期间，他急不可待地把故事口授给丹尼雅或丽莎。回到雅斯纳亚·波良纳后，他选择了楼下一个肃静的房间专门用来创作。这期间，索菲娅除了照料孩子以外，还要关照托尔斯泰的创作，成了托尔斯泰最得力的助手。

《战争与和平》这座巨大而宏伟的历史艺术殿堂，完全是在广博而坚实的生活根基上建筑起来的。托尔斯泰不仅是高加索和克里米亚两次战争的参加者，而且也是上流社会的思考者、农奴生活的探索者和学校教育的革新者，这给他的艺术创造开辟了广阔的天地。

《战争与和平》以 1812 年俄国反对拿破仑入侵的卫国战争为中心，前后反映了 1805 年至 1820 年俄国一系列重大的历史事件。共有559 个人物，上至皇帝、王公、外交官、将领、贵族，下至地主、商人、农民、士兵，如此众多的人物，在最善于表现人物心理与性格特征的艺术大师的笔下，被赋予了一种崭新的视觉和色彩，男女主人公以自己精神生活的全部复杂性和独特性出现在读者面前。

《战争与和平》是以一种崭新的艺术形式写成的。书中的历史事件是以编年顺序排列的。但是这些历史事件又与独特的个人事件相结合，宏伟的战争场面的描绘与日常生活的写真相交织，史诗般的庄重叙述和批判家的深刻揭发相统一，从而打破了当时欧洲通行的传统形式，熔铸了史诗、历史长篇小说和编年史的特色。

作品具有高度的现实主义技巧，富有表现力的艺术细节，浮雕般的肖像刻画，内心独白的运用，"心灵辩证法"的发挥，以及对人的复杂思想感情的真切理解与深邃表达，这一切都通过丰富而又多样化的语言，自由地编织进了这一瑰丽的艺术锦缎之中。

但由于托尔斯泰世界观的局限，也给他的作品带来了明显的弱点。他在作品中散布的宿命论观点以及在他早期作品中还不大显著的"不以暴力抗恶"和道德自我完善的说教，都有所发展。

这部作品在《俄国报知》第一号上被印刷后，曾遭受到各方的严厉批评。

进步主义批评家说托尔斯泰是在替反动主义者说话，纯粹是旧思想的作品；而保守派的批评家却又强调作品中的爱国思想，并非是他的真正思想。

与托尔斯泰争论最激烈的是他最尊敬的作家屠格涅夫，他批评这部作品缺乏有意义的内容，只是充满了不值一提的事件；而其中又插进了很多法语，与所写的俄语情节脱节的地方很多。

托尔斯泰并不去理会他们的批评，只要自己灌注了所有的心血而完成的作品，能够多抓住一个俄国人的心就够了。

当第四卷发行的时候，就连屠格涅夫也开始夸奖道："真是无话可说，这部书的确是一部非常完美的作品，在俄国没有比这更优秀的作品了。不，不仅是在俄国，除了托尔斯泰外，全欧洲没有一个人能写出如此优秀的作品。"

《战争与和平》出版后不久，在俄国很快销售一空。小说迅速译成外文，畅销西欧各国。它的出现轰动了整个欧洲文坛。也使托尔斯泰赢得了世界的声誉。这是一部具有划时代意义的代表作。

《战争与和平》问世至今，一直被人称为"世界上最伟大的小说"。

《战争与和平》恢宏的构思和卓越的艺术描写震惊世界文坛，成为举世公认的世界文学名著和人类宝贵的精神财富。英国作家毛姆及诺贝尔文学奖得主罗曼·罗兰称赞它是"有史以来最伟大的小说"，"是我们时代最伟大的史诗，是近代的伊利亚特"。

他紧张地、持续地工作了 6 年之后，亲友都劝他应该好好休息一下。

有段时间，他也确实什么也不想。他感到身体不适，还到外地进行了马乳治疗。但是，即便在这样休息的日子里，他也没有停止学习。他集中研究戏剧，并以充沛的精力学习希腊语。

这期间，虽然在脑海里时时有"不速之客"跑来扰乱他的思维，呼唤他去创作新的文学作品，但是，他却没有提起笔来。他的思想又被教育填满了。他始终认为，教育好下一代是自己崇高的职责。当他看到孩子们用的课本既乏味又费解时，便下决心亲自给孩子们编写一套启蒙课本和儿童读物。因此托尔斯泰也开始尝试着写一些童话和寓言类故事。《公秧鸡和母秧鸡》、《狼和弓》、《猴子和豆子》等都是孩子们喜欢看的故事。

为了编写儿童书籍，他广泛地研究了自然科学、历史学、人类学、地理学和古希腊、阿拉伯及印度文学。为了学好有关天文学的知识，他还整夜整夜地观察天上的星宿。在这上面，他花费了许多精力，用去了不下于写一部巨著的时间。他对自己这项工作也甚感惬意。只是当时的成果因没有引起社会重视，而造成课本传播不广，着实使他着急懊恼了很长一段时间。

无奈之下，他也只好放下一些新创意又重返史诗创作。

亲自编写识字课本

1869 年秋天，托尔斯泰将《战争与和平》的全部 6 卷完成后，便教授大儿子谢尔盖知识。在教授了一段时间后，感觉儿子以这样的方式学习，所获得的东西不是很多，于是又想要开办农民学校。

几年前为了开办学校，托尔斯泰曾付出了大量心血，眼看就要取得伟大成果，孰料天有不测风云，宪警进行无理搜查，致使雅斯纳亚·波良纳学校被迫关闭。

这悲惨的回忆并未从他心中消失，可是他必须洗去这悲惨的回忆。为农民着想，托尔斯泰还得再次为他们播种智慧的种子。就是在这种观念的支配下，重新振奋起不屈不挠的决心。

托尔斯泰自从停办学童教育和教育杂志以来，曾经多次回过头来考虑教育问题，他想把 19 世纪 60 年代积累的办学经验加以整理，公之于世。

当托尔斯泰全力写《战争与和平》时，他已经对世界上的各种事物有了很深的了解。他想了很多，一个人不能只过清闲的日子，况且也不能一味追求不做坏事的人生，这样的生活是没有意义的。

一个人很好地活着，就应该为人民谋福利，至少也得对别人、对社会有所贡献，这才算是真正懂得了人生的真谛。这种思想的真义，也就是要有"爱"，这包括了对亲人的爱，对所有世人的爱。

想到这里，托尔斯泰对战争又产生了怀疑，虽然在克里米亚战争中曾勇敢奋战，但此时他却对战争产生了反感。

他看到战争是那么残酷，不但违反了人类本性的行为，而且造成了数以万计的人失去生命，更使得大多数人不知耻地去做坏事，如叛逆、诈欺、放火、伪善、残杀等。总的来看，这是战争所留下的恶果，这是多么可怕啊！

《战争与和平》中写道：

> 战争的目的是互相残杀，战争的武器是阴谋、间谍、唆使、破坏，为了军队的补给从而去掠夺人民的财产。这些全都是暴露了虚伪与欺诈者的内幕。
>
> 军人没有自由，有的只是服从命令；而施暴、残忍、放荡、赌博等则是上流社会贵族们的生活再现；然而，军人的领导者却是这些贵族们。
>
> 现在，就连国王和皇帝也都穿上了军服，以此来炫耀自己。这些人还以杀人的数字互相炫耀功勋，并到处宣布胜利的果实。

在雅斯纳亚·波良纳办学校时，托尔斯泰曾努力思考过这些问题，并努力使农民子弟接受更好的教育，让农民的生活得以改善。以后，他仍要继续实行自己这种理想的教育。

为了要建设伟大的俄国社会，必须将智慧的种子播种下去，为了下一代的人，必须从他们之中选出最优秀的教师。所以托尔斯泰认为这些农民子弟由小学毕业后，必须再让他们继续升学，这就是托尔斯泰创办草鞋大学的最初构想。

首先他考虑到要编印一些教科书，过去的教科书，对现在的人已经不太适应。以往的都是教条式的，为了要实现自己的理想，必须要亲自编纂教科书。

托尔斯泰在萨马拉疗养期间，已经在编写《识字课本》了，这是他值得全力以赴的事业。

1868年9月，托尔斯泰与美国领事斯凯勒进行了交谈，他们谈到了教育问题。托尔斯泰提出自己不断在探寻教育儿童读书识字的捷径，这是他非常关心和瞩目的大事。斯凯勒对托尔斯泰的行为感到欣慰，并对托尔斯泰的《识字课本》赞赏不已。

1871 年 9 月，托尔斯泰全力以赴认真编写《识字课本》。未经修改的第一版《识字课本》是按下列顺序组成的：第一部分为字母表、读写训练；第二部分为《阅读园地》；第三部分按照托尔斯泰设计的特别体系讲授教会斯拉夫文；第四部分主要是算术，数字的古斯拉夫写法、罗马写法、阿拉伯写法。

托尔斯泰收进书里的故事，都很有趣，富于艺术性，而且内容深刻。凡是给他留下印象的东西，他都回忆起来，收进书里：俄国民间故事、雨果长篇小说《悲惨世界》中的《主教和强盗》、伊索寓言、普卢塔克的一些作品、印度土耳其阿拉伯民间故事、安徒生童话和托尔斯泰自己的两篇长的和许多短的短篇小说。其中《高加索俘虏》曾刊登在斯特拉霍夫编的《曙光》杂志上，小说以其艺术上的完美受到评论家的好评。

一位未署名的作者在《环球画报》上写道："《高加索俘虏》是用一种完全特别的新的语言写成的。叙述简洁被放到了第一位。没有一个多余的词，没有一点藻饰。这篇小说艺术上的朴素无华达到了炉火纯青、登峰造极的境界。"

托尔斯泰还制定了《识字课本》的教学法，他称之为"拼音法"，以区别于当时政府推行的"单音法"，即不是让学生一个字母一个字母地单独学发音，而是让学生把辅音同元音拼到一起学。

托尔斯泰在《识字课本》的后记里还强调了他 19 世纪 60 年代办学的一些原则。

1872 年 4 月，他给堂姑亚历山德拉·安德烈耶夫娜写信说：

我的《识字课本》一方面在排印，另一方面又在编写增删。为了要编写这套教材，要懂得希腊文学、印度文学和阿拉伯文学，要有自然科学、天文学和物理学知识，还要在语言上下巨大的功夫。应当把一切都弄得优美、简洁、朴实，尤其重要的是清楚。

托尔斯泰对算术教学也提出了一套自己的办法。他反对一切机械运算法，要求学生自觉地对待各种运算。由于他比较喜欢数学，对数学也比较精通。

托尔斯泰为了检验自己的理论，于1872年1月又在庄园里办起一所学校。他自己不仅任教，而且把周围地区的教师也都请到了庄园，向他们演示自己的识字教学法。

大家情不自禁地为托尔斯泰的热情所感染，纷纷执教，托尔斯泰本人，他的妻子，几个孩子，还有客人都上堂讲课。贵族跟农民的孩子虽然地位不同，可他们在长期的学习生活中建立了友谊。

课堂气氛非常活跃，学生们学得积极主动。学习效果显著。托尔斯泰夫人1872年2月2日给妹妹的信里说："全体学生用一个星期就学会了字母和拼音。孩子们认识到读书识字的重要性，全都努力学习，兴致勃勃，劲头十足。"

《识字课本》编完后，托尔斯泰决定请求他新结识的朋友特拉霍夫协助出版。然而出版后却没有得到预期的好评，书没有售完。

由于托尔斯泰不同意科学的启蒙作用，《识字课本》反对新教育学的基本原则和方法，因此遭到一些进步教育学家的反对。

1874年1月15日，他在莫斯科普及教育委员会发表演说，为自己的教学法进行辩护。他建议在莫斯科选择两所学校，一所按"单音法"教学，一所按托尔斯泰的"拼音法"教学，进行试验。他的学生莫罗佐夫参加了这次试验，但没有取得预期的效果。两种教学法的倡导者仍然各执己见。

托尔斯泰感到很伤心，于是他把《识字课本》做了删节，改名为《新识字课本》，连同《阅读园地》一起再版。这两套书取得了巨大的成就，发行数百万份，畅销全俄国，在托尔斯泰生前就印行了30多版。数十万俄国儿童用《新识字课本》学习读写。它深受学生和教师的欢迎。

托尔斯泰最后一次试图对民众教育事业做出自己的贡献，已经是在1876年了。托尔斯泰计划创办一所初级农民师范学校，他管这叫"草鞋大学"，培养农民当教师，因为农民更加接近农民子弟。

这也是他第四次办学校了，比起前三次来，自己已经有更多的实际经验了。

托尔斯泰为了使农民有农民教师，希望受过教育的儿童能成为优秀的教师，他一直努力着，从不放弃。

这所大学是一所边学习边工作的大学，毕业后他们能够和家乡的人在一起工作；这也是一所使儿童们自由接受教育，培养出农民教师的大学。教师们都赞成托尔斯泰的这种教学方法。

然而眼前却出现了难题。创办大学需要更多的经费，何况学校不收学费，也不向家长募捐，所以这些经费只有从别处筹募了。

有一天，担任县贵族会会长的友人德艾夫沙马林知道了这个情况后，对托尔斯泰的做法表示赞赏，并热心地对他说："在农会里存有30000卢布，你可以领取用来作为农民教育费。"

"真是求之不得啊，我马上去申请拨款。"

托尔斯泰立刻向农会递交了申请书，可是却遭到了农会的拒绝。据知，这笔钱是要用来捐建叶卡捷琳娜二世的纪念碑的。

看来叶卡捷琳娜二世纪念碑比教育还重要。不，是教育。只是那些人不明白而已。托尔斯泰因此而伤心，但是生气也没有用。

于是，托尔斯泰决定自己去筹募这笔经费，前后奔波了两年，但是却没有筹到足够的经费，因而设立农民大学的愿望也无法实现。

虽然创办大学没能成功，但他仍然无私地致力于普通教育。后来，托尔斯泰在加内欣工厂的女工部门依据他独特的教育方法，开办了两所学校，其中一所学校实施初等教育委员会通过的教育法；而另外一所实施托尔斯泰的教育法，让它们自由发展，而后相互竞争以显成效。

托尔斯泰提出的教育理论，在俄国收到了强烈反响，轰动了整个教育界，也波及文艺界。

然而这种自由的教育法，并没有受到那些古板、顽固派教育家们的欢迎。

写作 《安娜·卡列尼娜》

托尔斯泰在筹办教育工作的同时，还不断为写小说构思。当从萨马拉回来后，他想写小说的欲望逐渐增强。索菲娅在给妹妹的信中写道："托尔斯泰正在做写作的准备。"

那时他曾写信给朋友费特，他说："我不断地想倾吐内心写作的愿望，不管我写的是上好的或最下级的，但我以能在这美妙的秋天长夜中，一吐心中思虑为快。"

这个时候，托尔斯泰想写一部关于彼得大帝时代的作品。他之所以要写这一部作品，是因为彼得大帝时代同他所处的时代有相似之处。他认为两个时代都是俄国历史转折时期。显然，他想通过描写彼得大帝时代来阐明废除农奴制后俄国所发生的变化。不过他也想通过这部作品反驳 19 世纪 60 年代流行的历史观点：俄国接受欧洲文明完全是靠沙皇的努力，俄国人民在这方面未起任何作用。托尔斯泰在写《战争与和平》的时候已认识到人民群众在历史事件中所起的巨大作用，因此他坚决反对这种观点。

刚开始，托尔斯泰决定把这部作品写成戏剧，但很快他又改变了主意，想写成小说。

托尔斯泰夫人 1870 年 2 月 15 日的日记写道："我看到他在读乌斯特里亚洛夫的《彼得大帝史》。彼得大帝和缅希科夫的形象使他很感兴趣。关于缅希科夫，他说这是一个纯粹俄罗斯的刚毅性格，百姓出身的人，只能是这个样子。关于彼得大帝，他说他是整个时代的工具，他自己也感到痛苦，可是被命运指定要率领俄国去跟欧洲打交道。"

后来这部未来小说的轮廓越来越清楚了。归根结底，关于彼得大帝的小说在托尔斯泰的意识里其实就是一部关于作为历史推动力、创造力的人民的小说。

托尔斯泰为了更好地描写彼得大帝这一形象，他翻阅了图书馆的大量书籍，并收集了与之相关的资料。有时他把它们拿起来读一读，或者做眉批。

整个1870年，托尔斯泰都在努力研究彼得大帝的时代，动笔几次，可是只写了些零散的草稿，并没有接着写下去。

当托尔斯泰继续调查研究之后，他对彼得大帝的性格与作为产生了厌恶感。大帝的政治措施根本不为了国家而是以他自己的利益为中心，他恣意地过着不道德的生活，奢侈地建设贝德尔普鲁格堡。

也因此，托尔斯泰对这种人物没有什么好感了，于是不得不放弃这件工作。

然而，他却由于妻子的鼓励，从而产生了一部意料之外的小说《安娜·卡列尼娜》。

当时托尔斯泰的伯母塔沙娜·艾鲁欧斯卡雅，勤劳能干，一直为这个家付出着，直到前年卧病在床。那天托尔斯泰来到了伯母的房间，看到身体虚弱的伯母躺在长沙发上，托尔斯泰的大儿子谢尔盖正为她诵读普希金的小说《断岸》，他妻子坐在一旁做着手工活儿，一边听儿子诵读。

托尔斯泰走进房间后，拿起桌上的普希金的小说，不知不觉中轻声地从头念起来："客人们都来到了村庄……"

他立即严肃地说："嗯，这样开头的写作方式非常好，应该是这样的。不需要过多的描述，就直接进入到事件的中心了。"

此刻，妻子开玩笑地说："你也可以用这样的方式开头写小说呀！"

顿时，托尔斯泰仿佛看到了希望，他说："对，你说得太对了，我会好好写下去的。”

托尔斯泰悄悄走出伯母的房间，回到了书房，坐在桌子前，开始提笔写作。

“奥布朗斯基的家庭，非常的纷乱复杂。”而后托尔斯泰又接上一句：“所有的幸福家庭，都有相类似的地方；可是，不幸的家庭却各有各的不幸。”

1872 年 1 月，这个时候，托尔斯泰正在用心描写以彼得大帝为中心的长篇小说。

在雅斯纳亚·波良纳附近，有一桩自杀案件发生了。地主的妻子安娜·史特帕诺比娜，是一个容易嫉妒别人的女人，每次雇用新的女家庭教师时，她就对她们不信任，还怀疑她们可能会和丈夫发生暧昧。

当最后一位家庭教师来的时候，她的嫉妒心更重了，使用了让人无法接受的手段，这却激怒了丈夫，夫妇难免一场激烈的争吵，最后，太太不得不出走。

第三天，安娜·史特帕诺比娜带了一个小提包出现在雅仙奇车站，她托街上的马车夫交一封信给她的丈夫毕比可夫。

车夫很快地将信送去，可是毕比可夫不愿收这封信，于是车夫只好再带回车站。

那时候她已经死了。马车夫回到车站才知道她已经卧轨自杀，她可能是为了要向丈夫报复才如此做的。

检察官及验尸的人都到齐了，把那死者委托车夫所带的信拆开，信上是这样写的：“你就是杀我的凶手，杀人犯如果能过幸福生活的话，你就和那个女人去过幸福生活吧！如果你想见我，就请你到雅仙奇车站来，你会看到我的尸体躺在铁轨上。”

这是在耶稣基督洗礼祭前后所发生的事情，当时托尔斯泰还去火车站看她那被解剖的尸体。

从这次悲惨的事件发生后，托尔斯泰的心理受到强烈的震撼。正是安娜·史特帕诺比娜的悲剧，激发了托尔斯泰创作《安娜·卡列尼娜》这部小说的灵感。

事实上，托尔斯泰是在构思彼得大帝长篇小说的同时就产生了创作《安娜·卡列尼娜》的冲动。那时，他就想写一部被上流社会所摒弃的不忠实的妻子及其命运的小说。

而直接推动他创作的契机，则是由于他偶然间读了普希金的作品引起的。当他重新读了《普希金文集》中的一个片段时，仿佛忽然间解决了他创作中的全部疑问。托尔斯泰对其开门见山、单刀直入的开头赞叹不已，并不由自主地潜入了自己的艺术境界之中。就从这一夜，即 1873 年 3 月 19 日夜，他正式开始了《安娜·卡列尼娜》的创作。

托尔斯泰最初只是想写一个上流社会失足的已婚妇女的故事。出现在他笔下最初的安娜，可以说是个既不漂亮，也不聪明，甚至毫无心肝，专会卖弄风情的女人。而她的丈夫卡列宁和情人渥伦斯基却有各自值得人同情的精神品质。其书名曾定名为《两对夫妻》、《两段姻缘》。

但是，托尔斯泰在反复修改中，这些主要人物的性格特征和心理特征都发生了重大变化。安娜越来越富有动人的魅力。她不仅具有非凡的外在美，而且，具有高尚的心灵美。

相比之下，卡列宁和渥伦斯基在她面前却显得黯然失色了。小说从宽恕一个"不忠实的妻子"所酿成的家庭悲剧的最初构思，到最终确立为以反映广阔的时代，批判社会时弊为宗旨的重大主题上来，鲜明地体现了这一时期俄国历史变革的特点，触及了错综复杂的社会矛盾和现实生活各个领域的深刻变化，清楚地反映了托尔斯泰对当代俄国命运的深切关注和对艺术孜孜不倦的探求。

《安娜·卡列尼娜》刻画了 150 多个人物。全书是由两条情节线索构成的。一条是城市上流社会的安娜——卡列宁——渥伦斯基的爱情、婚姻和家庭的线索；一条是农村地主庄园的列文——吉蒂的爱情生活和精神探求的线索。两条情节线索并行发展，似分犹合，形成了双重性的结构布局。

1874 年春天，托尔斯泰把这部作品的最初部分，送到曾刊载过《战争与和平》的《俄国报知》新闻社排印初稿。

12 月中旬，托尔斯泰把《安娜·卡列尼娜》后续几章送往莫斯科，准备在《俄罗斯通报》12 月号上刊出。

小说出版后，无论莫斯科还是圣彼得堡，人们纷纷议论它，像往常一样，既有赞扬，也有批评。

1877 年 5 月 7 日，斯特拉霍夫曾写信给托尔斯泰说："关于《安娜·卡列尼娜》每一部分的出版情况，各报报道得如此之快，议论得如此之热烈，就好像是报道和议论一场新的会战或俾斯麦的一句新格言一样。"

这年春天，斯特拉霍夫给他寄来一些赞扬《安娜·卡列尼娜》的文章，托尔斯泰看也不看就烧了，因为他不愿受赞扬的腐蚀和影响。

然而伟大作家陀斯妥耶夫斯基却对其给予了很高的评价，他说："这是一部白璧无瑕的艺术珍品。现代欧洲文学中没有一部作品可以与之相媲美！"他甚至称托尔斯泰为"艺术之神"。

这部作品最吸引人的是作者胆大的作风，以及华丽的文字和恰到好处的笔力，都给这部旷世之作赋予了生命。

对人生哲理的探索

托尔斯泰的生活，充满着许多重大的事件。在经历了战争后，他就对战争产生了厌恶。

"战争是我唯一思考的问题，它挡住了我的视野。"1877年8月9日，托尔斯泰在致斯特拉霍夫的信中写道，"我思考的不是战争本身，而是我们积弱无能的问题，况且这个问题越来越清楚。"

托尔斯泰内心对战争虽然持反对态度，但是积习难改。作为一位退伍的爱国军人，他因爱国自豪感受到损害而痛苦，他无法忍受俄罗斯人可能败北的想法。

"我对战争的感情经历了许多阶段，"他在1877年9月2日致斯特拉霍夫的信中写道，"现在对于我是明确无疑的了：这场战争是最严酷的真相大暴露，比1854年那场战争远为明显的大暴露，除此之外不可能有别的结果。"

托尔斯泰害怕文学创作中的千篇一律，形象塑造上的陈规旧套，音乐、戏剧、绘画以及一切艺术中的庸俗无聊。他认为，艺术作品应当表现和激发人身上一切最珍贵、最美好的东西。

托尔斯泰更加害怕的是社会上的乌烟瘴气。他看到这个世界上的强者在自由、平等的庇护下，将许多弱者推入到互相残杀的场面中。这些人丧失了理智，颠倒是非，欺骗、敲诈，暴露出种种卑劣行为。

在丧失理智的时候，只有少数意志坚强的人才能挺得过去。

这也使得托尔斯泰对信仰上帝产生了依赖，离开这种信念他就根本无法生存。

"宗教对于我，就像感到自己就要溺毙的人抓住什么东西，以免于灭顶之灾一样，"托尔斯泰在致亚历山德拉·安德烈耶夫娜的信中写道，"宗教成为我心目中的救星，已经有两年之久。"

托尔斯泰感到，通往上帝之路就是拯救生命之路，因此他痛苦地探索这条路。

托尔斯泰是一位终生寻找神的人，他年轻时信神，后来不信了，把传统的基督信仰完全抛在后面。

托尔斯泰在《安娜·卡列尼娜》结尾描写的列文对人生哲理的探索，也正是反映了它的作者托尔斯泰当时对人生哲理的探索。

1877 年 4 月，托尔斯泰在给费特的信里说："您首次对我提到上帝。而我早已在不断思考这个首要问题了。如果我们不能跟他们一样看待这个问题，我们就必须找出路子来。"

于是他就进行探索。他知道宗教信仰在俄罗斯农民中间有着什么样的力量。宗教帮助农民忍受贫困和疾病，教导他们毫无怨言地服从上帝的意志，迎接死神。

托尔斯泰常常到离雅斯纳亚·波良纳 1 俄里半远、从莫斯科通往基辅的大路上去散步，观看历尽千辛万苦到基辅去朝圣的虔诚教徒。他也常到教堂去，他要弄明白并且体验这些虔诚教徒的心理状态。为此，他还同斯特拉霍夫一起到奥普季纳修道院去了一趟。

奥普季纳修道院是一座很有名的修道院，据说是一个改恶从善的强盗修的。俄国作家果戈理、陀斯妥耶夫斯基，哲学家索罗维约夫都访问过这座修道院，有些作家在这儿住过并且埋葬在这里。

著名的阿姆弗罗西长老在这里修行，托尔斯泰希望从他那里得到渴望已久的信仰力量，但他未能如愿。

托尔斯泰也希望在世界上最伟大的一些思想家、哲学家的著作中找到他苦思不得其解的问题的答案。

托尔斯泰在修道院只待了一段时间，他想在那里找到答案。斯特拉霍夫在给托尔斯泰的信中写道："我的那位友人带回来许多关于您以及我的谈论。神甫们对您赞不绝口，认为您心灵无比美好。他们把您同果戈理作了个比较，说果戈理恃才傲物，目中无人，而您却没有丝毫傲气。神甫也称赞我们俩心灵的美好。"

但是托尔斯泰不光在教堂里探索答案。他也想知道世界上伟大的思想家、预言家和哲人们取得的成果，于是他开始着手研究他们的著作。

托尔斯泰不断阅读哲学家的作品，狂热地从中寻求他苦思不解的问题——生活的意义、上帝的实质和意义等问题的答案。

他 1877 年 12 月 18 日给斯特拉霍夫写信说："您借给我的那些书真是太好了，我对您有说不出的感激。我在埋头阅读施特劳斯、雷南和蒲鲁东的著作。马科斯·缪勒和路易·布尔诺夫的著作，我现在有了。我还需要康德的《实践理性批判》，但我已订购了。索洛维约夫的文章，我早就想读，但一直不敢开始。"

托尔斯泰的探索活动可能太狂热了，以致他的好友斯特拉霍夫不得不对他表示担心和规劝。

1877 年 8 月 16 日，斯特拉霍夫给他写信说："我在这两个月对您的认识，自然要比过去历次拜访深刻，我对您的情谊越来越深，也越来越为您担忧。我看到您每天感受的东西抵得上别人一年所感受到的，您以比别人多十倍的力量在思考和感受。"

"您在寻求安宁，但寻求不到，阴沉恼人的思想在您身上有时发展得过了头，这是可以理解的。解决的办法就在您手里掌握着：您要生活得安静些；对音乐，对写作，甚至对您喜欢的打猎都不能太狂热。打猎使您陶醉，然而您打猎时追逐的并不是大鹬和野鸭，而是思想。脑子充血过度会使人过分敏感和暴躁，所以请您不要用脑子。"

然而不管托尔斯泰在思想上进行着多么紧张的探索，雅斯纳亚·波良纳的生活却照常延续着。

1877 年 12 月 6 日，托尔斯泰夫人又生了一个儿子，取名安德烈。

他已有 6 个孩子了，个个都需要关心、照料、教育，需要替他们请家庭教师，为此，当然需要钱。托尔斯泰努力增加收入，购进土地，发展家业，尽可能多地增加写作进项。

这时他当选为省自治会议员，但是他对社会工作不感兴趣。他的主要消遣是打猎，他常常独自带着一只狗出门，整天在森林和沼泽地奔走，猎取山鸡、野鸭和鹌鹑，或者带着两个年龄较大的儿子谢尔盖和伊里亚骑马到周围田野追捕狐狸和兔子。

不过，托尔斯泰不管干什么，他的头脑里始终在考虑自己所探索的问题。

他在致斯特拉霍夫的信里写道："哲学里除了说宗教是一种偏见之外，是否还有别的什么定义呢？最纯洁的基督教又是什么样子呢？"

托尔斯泰因找不到"人活在世上有什么意义"的答案，而对人生感到绝望，他说："我不知道该做什么！我所站的地方好像要崩裂了。生活没有意义，最好的解决办法是自杀！我写作，获得成就，把儿女教育大了，都是为什么？我应立即结束自己的生命才是最好的出路！"

"如果找不到人生的意义，我就没有活的必要。"他甚至说自己不得不把绳子都藏好，免得自己拿了去悬梁自杀。

托尔斯泰小时候曾读过《圣经》，因为托尔斯泰家族信奉俄国的东正教，妈妈以及妈妈死后代为养育他们的姑姑、保姆，都是非常虔诚的基督徒。

但托尔斯泰只读了一段时间，后来就不读了。他在心中最痛苦的时候，发生了巨大的变化，他一连几个月整天不住地读《圣经》，认识了人生的真谛。但他注意到，每逢想到神的概念，就有一种生命的热力涌上心来，就在那顷刻之间见到了生命的意义和美。他觉悟了："我何必再寻找呢？"

托尔斯泰说道："生命的奥秘不在知识中，也不在哲学答案中。

人智慧的尽头就是信仰的起点。"他感悟道：

> 生命的意义在于生命的源头，当你找到了神这位生命的源头和主宰，情愿在他对人类整个计划中献上自己的力量，遵行耶稣在《圣经》中所要我做的，这就是我自己的人生意义。

托尔斯泰从秋天起心情突然平静下来。他开始上教堂做祷告了。据他的夫人说，他甚至为基督教辩护，她很欣赏他的论据。

11 月 11 日，托尔斯泰夫人在日记里写道："他的头脑里明确了，人物全活了，他今天工作了，很高兴，相信自己的工作。"

托尔斯泰后期的作品不论内容或形式，均深受《圣经》的影响。他认为《旧约圣经》中约瑟的故事和《新约圣经》中浪子回头的故事乃境界最高、描写技巧最优美的短篇创作。他还说："在目前的社会情况下，如没有《圣经》，就不可能教育儿童。""每个人都想改变人类，但没有人想到改变自己。"1895 年，他写了《福音简介》和许多圣经注解。

托尔斯泰晚年时写过一段肺腑之言：

> 我一生中曾是个不折不扣的虚无主义者，不是个社会主义革命者，而是什么都不信。后来信仰降临到我，我相信了耶稣的道理，整个生命经历了一场翻天覆地的大改变。我不再绝望，反而尝到喜乐，是连死亡也不能夺去的。
>
> 在我接受耶稣的教训之后，心中的绝望变为希望。信仰不是信仰某种学说，不是信仰戒律，或者什么训示、什么思想，而是信仰可感觉到的活生生的神——耶稣基督。

抛弃贵族生活

1881 年秋，为了让孩子们能够更好地上学，托尔斯泰举家移迁莫斯科。

城市生活对于托尔斯泰是莫大的痛苦。他从来不在城市久留。只有在大自然的怀抱里，在高加索壮丽的群山和咆哮的河流的环境里，在雅斯纳亚·波良纳的田野上和森林里，或者在萨马拉自由自在的辽阔草原上，他才能尽情呼吸，心情振奋，有一股高尚的精神力量使他超脱尘世生活，心灵与上帝融合。

在莫斯科，托尔斯泰看到的是上流社会的奢侈腐化与人民的饥寒交迫，这一切使他极为震惊。

托尔斯泰去访问贫民区，成千上万难民的眼睛盯着他。他看见那些衣衫褴褛、迎风哀号的老人、妇女和儿童，心都碎了！就在当天晚上，他向一个朋友讲述这一幕幕触目惊心的情景时，禁不住号啕大哭，一边挥动着拳头，一边连连喊着："不能再这样生活下去！不能再这样生活下去！"

这时，托尔斯泰的心再也无法平静，接着开始去深入了解城市贫民的生活，主动参加了贫民区人口调查，并访问监狱、法庭，参观新兵收容所。这使他更深刻地认清了建立在对广大群众奴役基础上的整个沙皇制度的罪恶的本质。因此他抛弃了所有社会地位，如伯爵头衔、县贵族长职务、法庭陪审员职务。

托尔斯泰在 10 月 5 日的日记里写道："过了一个月。我生平最痛苦的一个月。迁居莫斯科，大家都未安顿好，何时开始过日子呢？一切安排不是为了过日子，而是为了排场。这不是生活。"

托尔斯泰决定从这局促闭塞的城市生活中寻找光明。他与特维尔省的农民瓦西里·休塔耶夫结识，就是一线光明。

托尔斯泰夏天在萨马拉省的时候，就认识了研究俄国教派的普鲁加文，向他打听了休塔耶夫的情况。

休塔耶夫宣传所有人和所有民族都应当互相友爱，亲如兄弟；主张财产共有，他全家生活在公社里，不承认私有财产；不允许用暴力作为抗恶的手段，他的儿子被召去当兵，不肯宣誓，不肯拿枪，宁愿进军事感化营。他认为基督公社是实现"按上帝方式生活"的理想形式。

休塔耶夫说："田地不该分，森林不该分，房屋不该分。这样，房屋就不必上锁，警卫就可以撤销，贸易无须存在，法官无用，战争也不会发生等，大家同心同德，不分你我，一切属于公社。"

1881年10月，托尔斯泰在莫斯科住得实在苦恼，便离开莫斯科到特维尔省去访问休塔耶夫。他在"愚昧落后"的农民中间找到了真正的宗教热情，找到了对基督耶稣学说和上帝的信仰。

他在日记里说，休塔耶夫言简意赅地表达了自己的信仰："一切在于你，一切在于爱。"

于是，托尔斯泰生活方式上决定走平民化道路。他放弃了打猎，改吃素食，戒烟戒酒，参加各种体力劳动。在莫斯科居住时，他每天清早起床，自己收拾房间，然后劈柴、打水、生炉子，并学会了修鞋的手艺，经常坐在小房间里缝鞋、打鞋掌。夏、秋季节，他又回到雅斯纳亚·波良纳，耕地、割草、施肥……

为了帮助多子女的困难家庭运草还砸伤了自己的脚，一连几个月卧床不起。他还给贫困的农民购买木料，把森林分给农民使用。他越来越不能容忍自己的贵族生活，要求自己的儿女和妻子离开他的庄园，永远居住在农舍里。

很明显这个决定令索菲娅很难接受，因为这就意味着要她辞退全部佣人而包下全部沉重的家务负担：做饭、缝纫、洗刷、带孩子……好让托尔斯泰在那里忏悔、赎罪！而她有什么可忏悔的呢？她的大半生都是为他而生活的。她还要为他、为子女而继续生活。于是，她以托尔斯泰和体弱多病的子女都离不开物质保障为由，不肯遵从丈夫的意愿抛弃一切财产、离开庄园走进农舍、改变原来的生活方式。

早在19世纪70年代末就潜伏着的家庭危机，这时越发加深了。索菲娅不愿意让自己心爱的人在那里苦苦地折磨自己，然而，托尔斯泰却拒绝她给予的一切温存与体贴。索菲娅感到她生活中失去了某种最宝贵的东西，这就是托尔斯泰对她的信赖和对创作的热情。她为失去的这些东西常常大声地哭着、争论着，结果不但不能弥合已出现的裂缝，反而把它撕扯得更大了。

托尔斯泰的家庭笼罩着阴郁的气氛，就连孩子们也像被遗弃了一样。后来，托尔斯泰采取了妥协的办法。1883年，托尔斯泰把自己经营全部财产的权力和他在1881年以前发表的全部著作的出版特权授予了妻子。

这种退让显然不是托尔斯泰的本意，因此，他常常为此而陷入极大的痛苦之中。特别是从全家移居莫斯科后，他目睹这种都市的家庭生活比在乡间还要奢侈，更使他无法继续忍受。而妻子并不理解和这样一位勇于反抗的伟大的艺术家生活在一起所经历的全部复杂的、矛盾的、痛苦的生活实质，因此，对自己丈夫的信仰毫不理睬，甚至常常向他发火。

这种争吵越演越烈，直至1884年夏的一天，当夫妻之间再次发生冲突之后，托尔斯泰准备远走他乡，永不回来。但是，他在途中突然想到妻子即将分娩，这样离开有悖于自己的道德信条，于是才从半路上又折了回来。妻子忍着腹中的阵痛，来到丈夫身边，3个小时后，生下了最小的女儿萨莎。这个时候托尔斯泰又生活在幸福的家庭中。

1890 年和 1891 年是托尔斯泰和妻子关系特别紧张的年代。1890年冬天，雅斯纳亚·波良纳的几个农民砍了托尔斯泰种的几棵树并把它们从林子里运走了，这件事震动了托尔斯泰。他还从来没有像现在这样痛苦地感到他的信念和事实本来面目之间的矛盾。由于要维护他所反对的私有财产，那几个农民定要受审并且被捕入狱，而他们砍几棵树，很可能，不过因为穷困所逼……

托尔斯泰夫人告到法院，法院判处偷砍树的农民 6 个月拘留。托尔斯泰夫人本想判决以后再宽恕这些农民，但没想到刑事案件是不能宽恕的。

托尔斯泰知道了这件事以后，非常生气，夜里睡不着，从床上爬起来，在客厅里来回踱着，气呼呼地指责夫人，夫人当然不肯认错，于是便互相指责，直至早晨 5 时还不能平静下来。由于他所反对的他的私有财产，农民竟被夫人送去坐牢！夫人竟这么不理解他的信念！他十分痛苦，夜里失眠。他又想到离家出走。

他下决心放弃私有财产。年龄大的儿子们特别是二儿子伊里亚想要自立门户，支持这个决定。

1891 年 4 月，全家聚集在一起。财产被评估后，分成 9 份，分给妻子儿女。

儿女们对父母的这场争吵的态度各不相同。塔尼娅既爱母亲又同情父亲，竭力劝母亲让步，促使他们和解。谢尔盖力避介入。伊里亚在为自己的家庭操劳，自顾不暇。列夫站在母亲一边。玛莎支持父亲，为他苦恼。

托尔斯泰经过跟妻子多次争吵和长期思考之后，终于在 1891 年 9 月 16 日决定给报社写信，发表声明：

"我赋予所有愿意的人以下列权利：无偿地在俄国和国外用俄文和用译文出版并上演印在 1886 年版第十二卷上和今年即 1891 年版的第十三卷上的所有我的作品，以及我没印过的和今后即今天之后可能出现的作品。"

托尔斯泰夫妇的争吵并没有妨碍雅斯纳亚·波良纳的正常生活。家里仍然是宾朋满座，热热闹闹。坐在餐桌旁就餐的人，每天都有 10 至 14 个人。人们照样野餐，骑马出游，引吭高歌，朗诵，谈话……甚至还出现了一阵雕塑热。

托尔斯泰最后 30 年，就是在这种时而温馨、时而冰冷的家庭气氛中度过的。

然而，这种背叛自己贵族阶级的平民化生活并没有扭转托尔斯泰在他学说中的根本矛盾。因为，根本问题不在于平民化，而在于如何领导千百万农民走上无产阶级革命的道路。

1891 年后，灾情开始蔓延至俄国大部分地区。为了引起社会对人民灾难的关注，深深热爱自己人民的托尔斯泰带领着大女儿沿村募捐，创办饥民食堂，著文介绍防止饥荒的办法，同时上书沙皇，陈述灾情，呈请赈济，拯救人民于水火之中。这一壮举深深地打动了索菲娅，因此到后来，她带着儿子也参加了由丈夫发起的这项活动，并吸引了一大批爱国人士加盟。

把稿费捐给教徒

　　世界观的"激变"对托尔斯泰的创作历程产生了深刻的影响，最后，他甚至走到了否定艺术的地步。作出了舍弃文学的惊人决定。这使许多人感到不安。屠格涅夫临终前在给他的遗书上写道："我的朋友，回到文学活动上来吧！俄罗斯大地的伟大作家，答应我的请求吧！"

　　托尔斯泰这时虽然已把主要精力都用到哲学研究上，但是，生活本身向他提出的课题，以及用艺术反映这些重大课题，表达自己新的观点的愿望，都在召唤他回到艺术创作上来。

　　因此，他在除创作充满宗教道德倾向的政论性作品和民间故事的同时，还写出了剧本《黑暗的势力》，喜剧《教育的果实》，中篇小说《伊凡·伊里奇之死》、《克莱采尔奏鸣曲》、《哈泽·穆拉特》以及抨击资产阶级颓废艺术的文艺论著《艺术论》等。这些作品和论著进一步显示出了巨大的艺术力量和战斗力量，但也使托尔斯泰在世界观中的弱点暴露无遗。

　　托尔斯泰在对世界观的转变和对社会问题的进一步的研究中越来越渴望写一部长篇小说，这使他想到了检察官柯尼于 1887 年给他讲述的一个真实的诉讼案件。也正是这个案件在托尔斯泰的创作活动中留下了某种痕迹。

　　柯尼在 19 世纪 70 年代曾任彼得堡地区法院的检察官。有一次他那里来了一个年轻人，"脸色苍白而富于表情，闪烁的目光流露出内心的忧虑。他的衣着和风度表现出他是习惯于上层社会交际的人"。他十分激动地抱怨检察官的同事拒绝把他的信转交给一位名叫喀秋莎的女犯人，拒绝的理由是"信事先未经检察官审阅"。

在与年轻人交谈时，柯尼了解到，喀秋莎是一个因为从一个喝醉的"客人"那里偷窃了100卢布而被逮捕的妓女。柯尼了解了她生活的经历。看来第一个使喀秋莎"失节"的就是来找柯尼的这个年轻人。审判时"他才发现，这个被指控为偷窃的不幸的妓女就是自己曾经强暴过的喀秋莎时"，于是决定同她结婚。然而喀秋莎患了斑疹伤寒，并且在监狱的医院里死去了，她的未婚夫从此便不知去向。只是在过了许多年以后，柯尼才"在俄罗斯内地省份的一个副省长的任命书上"看到了他的名字。

在叙述这个悲惨经历时，柯尼写道："在我看来，这不是一个简单的偶然事件，而是道德规范的启示，是'上帝洞察实情，只是不早言明'这句格言的崇高正义性的体现。"

托尔斯泰要求柯尼把他要讲的这个故事叙述得像生活里发生的实事一样，或者按照托尔斯泰爱用的术语，像"生活的一个侧面"。

他显然非常担心，像柯尼这样热衷于说教的检察官是不太会讲故事的。因为他们大多数都喜欢说教，可是文学创作就最怕这一点。一旦文章写成了说教式的东西，其说教本身就会使故事本身受到损害，读到故事的人也不会觉得这个故事会怎么样有意义了。

柯尼答应了托尔斯泰的要求，决定给媒介出版社写。事隔两年，也就是1889年年底，托尔斯泰知道柯尼并没有写，于是决定亲自动手，他要把这个故事完整地写下来。

在这样的情况下，他写下了以道德忏悔为中心的《柯尼的故事》的初稿。但他对这部初稿很不满意。此后，他一直为自己寻找不到一种完美的艺术形式而苦恼。

托尔斯泰此时的世界观已经发生激变，抛弃了上层地主贵族阶层的传统观点，用宗法制农民的眼光重新审查了各种社会现象，通过男女主人公的遭遇，淋漓尽致地描绘出一幅幅沙俄社会的真实图景：草菅人命的法庭和监禁无辜百姓的牢狱；金碧辉煌的教堂和衣衫褴褛、憔悴的犯人；荒芜破产的农村和豪华奢侈的京都；茫茫的西伯利亚和戴手铐脚镣的政治犯。托尔斯泰以最清醒的现实主义态度对当时的全套国家机器进行了激烈的抨击。

在他的创作过程中，几度出现踌躇不前、数易其稿、前后迥异的情况，但是他及时给作品作了调整。在千锤百炼之下，最后终于演变成了不朽的，以对社会空前批判而著称的旷世杰作《复活》。

1899 年年末，《复活》在《原野》杂志上全文刊登完了。未经删节的版本也在契尔特柯夫和比留科夫在国外办的自由言论出版社出版了。

《复活》发表时，柯尼这才看到，他讲过的故事在小说中只留下了"某种痕迹"，完全没有占有像这部小说的研究者们通常所说的那种位置。

还有一点就是托尔斯泰为帮助移居加拿大的教徒，开始为他们筹措旅费，并同时写小说。这是促进托尔斯泰完成《复活》的原动力。

《复活》的思想艺术构思的产生经历了复杂的途径，吸收了不少的素材。小说情节的发展，不是来自一粒，而是来自许多粒"种子"。"柯尼的"情节只是其中的一粒。

对于托尔斯泰全部作品来说，《复活》第一次不用贵族而由一个普通女人来充当主角。它以深刻、感人的艺术力量，描写了喀秋莎·玛丝洛娃的悲惨遭遇。作品围绕玛丝洛娃悲剧性的命运，无情地揭露了沙皇俄国专制政体和农奴制度的全部罪恶，对俄国地主资产阶级社会作了空前尖锐的批判，发出了最强烈的抗议！

可以看出，托尔斯泰世界观的局限，使他在作品中暴露出许多尖锐的矛盾。他通过广阔的艺术画面，从法庭、监狱、政府、教会，一直到经济、道德、伦理，严酷地揭露了沙皇专制的黑暗统治，把俄国批判现实主义文学推到了最高峰。

与此同时，他又大肆鼓吹"不以暴力抗恶"，要人们跪倒在上帝面前进行"道德自我完善"、"饶恕一切"、"爱仇敌"，甚至期望"好老爷"把土地恩赐给农民。这些消极的缺乏斗争的观点似乎和基督教有着很重要的关系。

在这部作品里，作为"撕毁一切假面具"的清醒的现实主义者所具有的暴露热情达到了最高潮；作为千百万俄国宗法制农民利益代表者所持的立场也表现得最明确；作为思想家的"托尔斯泰主义者"开出的救世药方所显示的软弱无力及反动实质也最清晰。显而易见，这是托尔斯泰全部文学活动带有总结性的作品。

这部作品在发表前，曾经接受政府审查官员的检查，他们认为这种思想不对，又说哪处写得不妥当，最后将很多地方删减得支离破碎，甚至有一章全部都被删去。托尔斯泰真是气极了，可是政府官员所做的事情，是没有办法辩驳的。

由于遭到太多的删改，文辞语气已无法连贯，所以不得不重新改写，以至于这部小说越写越长。当初原来预定的稿费为 12000 卢布，现在因篇幅增加了，不得不提高到 23500 卢布。所幸这部作品终于获得全世界的好评。这是托尔斯泰花了 11 年的心血才最终完成的一部鸿篇巨制。这部小说的问世，引起了社会上的强烈反响，很多作家学者都给这部小说极高的评价！

罗曼·罗兰评论道："透过这部作品，能够见到托尔斯泰闪耀的眼睛；他那双灰色而锐利的眼睛，能够立刻穿入人的心，并已能找到人性的精神所在。"

在《复活》的创作过程中，拟定创作提纲占有重要地位，这是直接和晚年托尔斯泰对艺术任务所持的新观点紧密相连的。

在持续了 60 年的创作活动中，托尔斯泰在艺术上取得的巨大成就是用他一生的心血换来的。他的处女作《童年》有 4 种稿本；《战争与和平》的某些章节有 7 种稿本；《安娜·卡列尼娜》许多章节有

20 种稿本；《复活》的开头部分有 20 种稿本；特别是他为《生活的道路》一书所写的序言，竟多达 105 种稿本。

托尔斯泰把这部作品的稿费，全都捐赠给了移居的教徒们。在继续写这部小说时，他不断呼吁各界踊跃捐助。没过多久，教徒移居的费用与预定的金额相差无几了。这些教徒们流着眼泪和这些好心人士道别后，移居到加拿大去了。

这部作品完成后的几年，俄国与日本的战争爆发了。这场轰动世界的战争给托尔斯泰带来的将又是一次特殊的经历，在托尔斯泰的创作道路上，他又向新的目标迈进。

晚年生活

在富有、权力、荣誉和独占的爱当中去探求幸福，不但不会得到幸福，而且还一定会失去幸福。

——托尔斯泰

被教会革除教籍

托尔斯泰的思想被基督教的思想套牢，从而失去更多的自由，他的思想也开始不断发生变化。这让他的妻子及身边所有亲近的人都感到不安。

"我们家里今年常常发生口角，"索菲娅·安德烈耶夫娜在1881年4月22日给妹妹塔妮娅的信中写道，"我甚至曾经想离开这个家。这大概是由于我们开始过基督教生活的缘故。我觉得，以前不信基督教倒是好得多。"

只有托尔斯泰的挚友尼·尼·斯特拉霍夫一人仔细观察他的心情，懂得他内心的活动是多么紧张尖锐，这种活动别人是不可能有的，而有时甚至还不愿意见到。

托尔斯泰在《忏悔录》里说道：

我感到，我的立足点崩溃了，我没有立足之地；我赖以生存的东西消失了，我无以生存。我的生命停止了。

如果有一个女巫走到我跟前，表示愿意帮助我实现我的愿望，我不知该说什么。除了死，没有什么可希望的。我甚至连认识真理的希望都没有了，因为我猜到真理是什么了。活着毫无意义，这就是真理。

我仿佛是活着，活着，走啊走啊，结果走到深渊前面，我清楚地看到前面什么也没有，只有死亡。

他这样一个健康幸福的人竟感到活不下去了。他停止带枪打猎了，害怕"受到诱惑而用过于简单的方法摆脱生活"。他有时望着那块把他的卧室同书房隔开的壁板，考虑它是否能承受得住他的身体的重量，于是他就把绳子藏得远远的，免得在书橱之间的一根横木上吊死，因为每晚他都是一个人待在房间里。

孩子们在长大，财产在增加，书在印刷……可他对这一切已不感兴趣了。他的眼神呆滞、奇怪，几乎不开口说话，完全不像尘世间人，对于日常生活方面的事情，他根本就失去了思考能力。妻子儿女都感到诧异。

他在写《忏悔录》。托尔斯泰夫人说："他写的是一些宗教方面的论文，并且大量阅读和思考，弄得头昏脑涨，而这一切都是为了证明教会不合乎《福音书》的教义。"

1879 年夏，托尔斯泰到基辅去了。基辅非常吸引他。6 月 14 日，他在给妻子的信里说："从早晨直到下午 3 时，我跑来跑去看大教堂、山洞，拜访修士，对此行十分不满。不值得。7 时我又到大修道院去了，去看苦行修士安东尼，也没有得到多大教益。"

12 月，他访问了图拉的大主教尼坎德尔，向尼坎德尔提出要把财产分给穷人和出家当修士的意愿。尼坎德尔大概觉得托尔斯泰情绪不稳，便劝他先等一等。

12 月 20 日他的小儿子米沙降生。

这时，托尔斯泰已有 5 个儿子 2 个女儿。他的生活应当说是相当美满的。年轻貌美的爱妻，活泼健康的儿女，荣誉，财富，他自己也健康强壮，可以说应有尽有，还要什么呢？他才 52 岁，还能写出美好的艺术作品来，他为什么不写，而去写一些谁也不需要的宗教论文？为什么他那深陷进去的灰色眼睛现在很少闪烁出热情、温存和欢乐的光芒？为什么他那隐藏在浓密胡须下面的嘴唇这么难得露出微笑？他的夫人在照管孩子之余，看着又亲近又陌生的丈夫，心里充满了疑虑。

1880 年 1 月，托尔斯泰因事去圣彼得堡，照例同堂姑亚历山德拉·安德烈耶夫娜见面。他告诉堂姑说自己离开了东正教，说东正教是建立在欺骗基础上的。

后来在给堂姑的一封信里说："信仰的只能是我们不能理解但也不能推翻的东西。但是要信仰我们觉得是欺骗的东西——则不可能。"

最后，他在信的结尾部分说道：

> 终生时时刻刻想着上帝，想着灵魂，热爱世人，把这置于动物生活之上。这非常简单，并不需要玩弄任何戏法，如同铁匠必须打铁一样。因为这是上帝的真理，所以这真理是如此平凡，再没有比它更平凡的了，同时它对每一个人以及所有的人的幸福又是如此重要和伟大，再没有比它更重要和更伟大的了。

1880 年年初，托尔斯泰一面写《忏悔录》，几乎同时着手研究东正教教义。他什么都不"信奉"了，他要理解和认识。为了认识，他开始研究神学著作，其中包括莫斯科总主教马卡里那本流传甚广的著作。"我当时甚至一开始研究就完全相信教会是绝对正确的，就只相信这一点。"但是托尔斯泰已经对教条解释不清，理解不了了，开始呼吁神学家的帮助。

托尔斯泰说："神职人士说，人要有信仰；但是我必须通过头脑领悟我将要信奉的东西。"

他在抛弃自己出生、养育和成长起来的那个环境的信仰时，必须用自己的信仰去代替，用某种给予他生活指南的东西去代替，于是他开始钻研《福音书》。但在这里，尽管他完全接受耶稣的学说作为生活的绝对指南，但他不能对《福音书》中描写的超自然的神迹作出解释。他还遇到了耶稣学说同东正教教会阐述之间的矛盾。耶稣说：

"不要杀死任何人。"而教会却为信仰基督教的军队祈祷胜利。

托尔斯泰开始研究并翻译《福音书》。他完全沉浸在宗教思想和宗教著作中，他那么专心致志，以致屠格涅夫来请他到莫斯科去参加普希金纪念碑揭幕典礼，他都不肯去。

日后，托尔斯泰曾写了许多关于宗教的书。例如：《我的宗教——我的信仰何在》、《我们应该做什么》、《宗教与道德》、《宗教为何》、《理性与宗教》、《天堂就在你的心中》、《对神的察考》等。

托尔斯泰在著作中，曾记下了他对教会的不满，这种毫不客气的坦白叙述，却意外地遭到基督教教徒们的反对。

这些教徒们在神圣宗教院的会议中，向托尔斯泰宣告："你对基督教的想法是错误的，所以我们要将你开除，在你死后，也不可能得到本教的葬礼祝福。"

但是也有大批人赞成托尔斯泰的宗教思想，那就是他的忠实读者们。基辅大学的学生抬着"托尔斯泰万岁！"的牌子，在街上游行。几天后，莫斯科大学的学生也加入了游行的队伍，鼓励他、赞美他，要他坚强起来，绝不要向教会低头。

一个工厂的工人，在透明的玻璃上写着："我们深爱着托尔斯泰。革命的先驱者早已被处以火刑或被关进监牢，甚至被放逐；现在您也被教会宣告开除教籍，但是请您不要过多考虑虚伪的学者和教徒们所做的蠢事，因为您对我们来说，依然是伟大的，永远是我们值得怀念、敬重的导师。"

托尔斯泰也对教会宣布说：

　　我认为自称为东正教的教会之所以会开除我，那是理所当然的，因为我不是因为反抗神而被开除的，主要是由于我对神的贡献太多所致。今天教会的教义是可耻的、虚伪的，而今天的教徒则更是愚蠢之极，他们只会用迷信和魔法来欺骗善良的百姓，从而忽视基督的真正教义。他们甚至不理会基督的话——"你们不能被称赞为教师、长者、导师"。

1901 年 2 月 22 日，俄国主教公会正式公布了革除托尔斯泰教籍的决定。

主教公会作出这个决定的用意本来是要贬低托尔斯泰，但结果却适得其反，这个行动竟然引起了群众的大规模的抗议活动，反而大大地提高了托尔斯泰的声望。这种情况的出现是主教会始料不及的。

2 月 24 日，各大报纸媒体都刊登了革除托尔斯泰教籍的报道。支持托尔斯泰的人们举行了声势浩大的游行示威。大家纷纷走上街头和广场，抗议政府对托尔斯泰的迫害。他们在声讨政府的丑恶行径，他们都站到了支持托尔斯泰的这一边。

这一天托尔斯泰像往常一样到街上散步。在卢比扬斯卡亚广场被群众认出来围住，群情激昂，欢呼声此起彼伏……幸好骑马的宪兵过来，托尔斯泰才得以脱身。

当时到处都在骚动。革命者和造反的大学生利用托尔斯泰被革除教籍一事发动了反对沙皇政府的运动。沙皇政府对参与示威的大学生展开了残酷的镇压。托尔斯泰处在左右为难的境地：他一方面反对政府用暴力镇压学生，另一方面又谴责革命者用暴力夺取政权。他在日记中写道：

关心人民及其幸福的人们包括我在内，完全不恰当地过分看重了学生的骚动。这本来是压迫者之间，已成为压迫者的人与正在想成为压迫者的人之间的纷争。

3 月 4 日，圣彼得堡喀山广场举行了规模庞大的示威游行。托尔斯泰家里也骚动起来。全家同仇敌忾，都被革除教籍一事激怒了。

　　托尔斯泰夫人情绪激昂，一会儿同丈夫谈，一会儿同来访者谈。她给主教公会写了一封信，抗议主教公会这一决定。这封信，国外许多报刊都刊登了。

　　革除托尔斯泰教籍引起的风潮在继续发展。

　　托尔斯泰写了致沙皇及其助手的信，恳求沙皇减轻对俄国人民的镇压，给人民以更多的自由。

　　托尔斯泰经过一段时间犹豫之后，决定对主教公会的革除教籍的决定作出答复。3 月 24 日，他起草了答复的初稿。他在这份答复里说：

　　　　我相信上帝。我把他当作精神、爱和万物的起源。我相信：上帝在我心中，我也在上帝的心中。我也相信：上帝的意志再没有比在基督这个人的教义中表现得更清楚的了。但我认为，把基督当作上帝并向他祈祷是犯了最严重的亵渎罪。

　　　　我相信，一个人的真正幸福在于执行上帝的意志，而上帝的意志就是要人们相爱；这样，人们就会像别人希望的那样对待别人，也就是像《福音书》中所说的那样对待别人，这就是全部教义和预言之所在。

　　　　开始的时候，我爱自己的东正教信仰甚于自己的安宁，然后我爱基督甚于自己的教会，而现在我爱真理甚于世上的一切。

　　托尔斯泰每天都要接待许多来访者，并收到许多信，大多数是表示敬意的，也有少数是谩骂的。

　　这次风潮大大损害了托尔斯泰的健康，削弱了他的心脏功能。他因此变得瘦多了，脸色也变得更加衰老起来。托尔斯泰还常常生病。

他备受病痛的折磨。但是他并不后悔自己所做的一切。

虽然托尔斯泰被教会开除了，但是托尔斯泰依然非常坚持自己的想法，他要光明正大地向自己的理想和自己追求的信仰前进，请求他所信仰的神指引他前进的方向。在他看来，只有上帝才能做到。

托尔斯泰曾向杜赫宝教派伸出了援助之手，在日俄战争期间，托尔斯泰也曾向日本及俄国宣扬反战思想，这些都体现了他践行宗教教义的精神。

克里米亚的生活

1901 年 5 月初，托尔斯泰一家迁回雅斯纳亚·波良纳长住，因为再没有人需要在莫斯科上学了。

6 月末，托尔斯泰得了严重的疟疾，一连十多天处于生死边缘：脉搏每分钟 150 次，心律不齐，呼吸困难。请来了几位大夫。这个时候，所有的子女也都回来了。他妹妹玛丽亚和一些亲戚、朋友也来了。

全国各地发来许多慰问信和电报，祝愿他早日康复。

沙皇政府认为托尔斯泰不行了，便明令有关单位，不准游行，不准演说，不准发表宣言。

10 天后，托尔斯泰病情好转了。一些代表纷纷写信表示祝贺，其中就有高尔基第一个签名的贺信。罗马尼亚的女王也写信来，表示对托尔斯泰的崇拜和敬仰之情。

然而，7 月末，托尔斯泰又病倒了，医生们诊断为心绞痛，建议到气候温暖的克里米亚去疗养。俄国最富有的女人帕宁娜伯爵夫人得知这种情况后，提议到她在克里米亚南岸加斯普拉村附近的别墅去疗养。托尔斯泰全家开会，决定接受帕宁娜伯爵夫人的好意，

到克里米亚去过冬。

托尔斯泰在 6 月 16 日的日记中写道："生病简直是灵魂的过节，是精神之活跃，是濒临死亡时的心神的休息，以及从四面八方送来的爱情的表示。"

9 月 5 日，托尔斯泰一行从图拉火车站乘火车前往克里米亚。陪同的人员有他的夫人、大儿子、两个女儿玛莎和萨莎，还有一直不被托尔斯泰看好的玛莎的那个败家子丈夫。

布兰热在莫斯科－库尔斯克铁路局弄到一节专用车厢将要把他们从图拉送到塞瓦斯托波尔。这节车厢富丽堂皇，带厨房、餐厅和单间卧室。但是，托尔斯泰的神色把所有人都吓坏了。他显得那么疲惫不堪、瘦骨嶙峋。给他量了一下体温，在发着高烧。全家人忧心忡忡，这么重的病，怎么可以去这么远的地方呢？

然而，布兰热再次进行说服工作。他说，去塞瓦斯托波尔的 1000 俄里还要困难得多，并且，车厢里设备齐全，方便舒适，而那边又是温暖宜人的气候。

夜里 3 时列车开动了。到了早晨，托尔斯泰的体温下降，他高兴了便给玛莎口授文章。

傍晚时，火车到了哈尔科夫车站，托尔斯泰一下子被欢呼的人群包围了。人们听说托尔斯泰要路过此地，便特意聚来向他致敬。托尔斯泰强撑病体，接待一个又一个代表的慰问。20 分钟后，火车开动了，人们仍然大声喊着他的名字。他只好由夫人和大儿子搀扶着到窗前，向人群挥手致意。

伟大的托尔斯泰，这时人们把他看作是爱和善的化身，已成为举世瞩目的中心。一位朋友在给托尔斯泰的信中说，一些从国外回来的人告诉他，不管在什么地方，在哪个城市，只要偶然听到是一个俄国人在说话，就会有人立刻停止原来的话题，凑上来询问托尔斯泰伯爵的情况。

火车在向前行驶。

病魔折磨得托尔斯泰难以入睡。他知道就要到塞瓦斯托波尔了，当年他浴血作战的地方。他的心情激动起来，往事一幕幕在脑海浮现。

第二天早晨，列车到了塞瓦斯托波尔。车站上的人不多，警察在维持秩序。托尔斯泰由亲人扶着乘马车到了塞瓦斯托波尔最好的旅馆。在旅馆里醒过来以后，托尔斯泰饶有兴趣地观赏着这座城市，不断打听："第四棱堡在哪儿？"

1855年英国军队围攻这座城市时，他曾作为炮兵少尉在第四棱堡战斗过。在塞瓦斯托波尔逗留期间，托尔斯泰竭力想找到第四棱堡，他在这儿甚至见到了当年老朋友的儿子，还参观了军事博物馆。

他们从塞瓦斯托波尔坐马车到了帕宁娜公爵夫人在加斯普拉的别墅。这座别墅滨海临山，景色异常美丽。

1901年10月10日，托尔斯泰在日记里写道："在这里，我住在极其豪华的宫殿里。这是我从来没有住过的。有喷水池，花园里有洒过水的各色花坛，有大理石的阶梯等。此外还有大海和群山的奇妙景色。左邻右舍都是些富翁和王公显贵。他们的奢侈程度比这里不知还要高多少倍。"

他在给契诃夫的信里说："这里的景色如此迷人，如果不是觉得惭愧的话，我确实感到非常好。"

这时，托尔斯泰的身体开始康复，但他还是想到死并对死做了精神上的准备。前段时间因老朋友亚当·华西里耶维奇伯爵去世。他在1901年11月6日给谢尔盖的信中说："很快就轮到我了，早上去散步，说了10分钟的话，心里明白，我正在死去，跟大家告别，给儿女们留下遗言并且不断重复一句话：'我怎么也没料到，死竟然是这么容易。'"

托尔斯泰有两周左右的时间出去散步，并到阿鲁普卡去看海。当时高尔基父子住在海边，他就有机会与高尔基畅谈。虽然感到非常高兴，但他认为高尔基作品里有一些不真诚的地方。

契诃夫当时住在雅尔塔，常来看望托尔斯泰。他因患肺结核在莫斯科住院时，托尔斯泰曾去看过他。在闲谈中，托尔斯泰表示对契诃夫的剧本并不欣赏，还劝他不要再写剧本了，但托尔斯泰对他的小说却赞不绝口，称他是小说里的"普希金"，托尔斯泰说："正如在普希金的诗篇中每个人可以找到自己感受过的东西，在契诃夫的短篇小说里，不论是其中哪一篇，读者也一定能够看到自己和自己的思想。"

这种真实的对艺术的忠诚，托尔斯泰在库普林身上也发现了，对他评价很高，认为他颇有才华。

果然，库普林后来也成为俄国批判现实主义的最后代表之一，他善于通过细腻的心理描写，塑造鲜明的人物性格，揭示社会矛盾，烘托环境气氛。题材广泛，几乎触及俄国社会生活各个方面，抨击沙皇专制制度的残酷与愚昧，歌颂底层人民的勤劳与善良。但也有个别带颓废倾向和歪曲现实的作品。

至于艺术上的虚伪，托尔斯泰在列昂尼德·安德烈耶夫身上觉察到了，那时他刚刚走红。读了他那轰动一时的《无底深渊》之后，托尔斯泰非常气愤，说："捏造、言过其实，他简直一心想吓唬大家，使他们吃惊。可我却没有被他吓倒，只是感到有点不舒服，因为他有虚伪的影子。"

托尔斯泰认为，列昂尼德·安德烈耶夫的小说和剧本，内容十分矛盾，一方面是对俄国资本主义社会的愤怒揭露，但看不到出路何在；一方面表现出对革命的一定的同情，却又把革命者歪曲成强权政治的化身，总的基调是阴沉的。他的多数作品都不是通过个性化的具体形象解剖现实，而是把人物当作某种势力的象征，用极度的夸张和强烈的色彩表现作者的主观感受。果然不出托尔斯泰所料想的那样，安德烈耶夫晚年囿于反动政治立场，终未能创作出稍有价值的作品。

在克里米亚的生活终于走上了正轨。托尔斯泰又开始写作，索菲娅则在学习摄影，其他人骑马、散步。到了晚上，他们都来玩牌。这样的生活让他们感到轻松愉快。但是，平静的生活很快就打乱了。

1902年新年前后，托尔斯泰又犯病了。起初是胃痛，还没等把胃病治好，后来又发展到突然发冷发热，一边肋骨刺痛，体温在升高，咳嗽在加剧。家人马上请来了当地的医生，从莫斯科请来了著名的苏罗夫斯基医生，从圣彼得堡请来了御医别尔京松。医生诊断为"黏膜性肺炎"。生命垂危，几乎已无法挽救了。

虽然"黏膜性肺炎"在现在看来不算什么大的病症，或许只要打几天针，然后再吃些药就能治好。可是在那个时候，医学远远没有现在发达。这种病可以说是"致命"的。就像现在的"癌症"一样难以治愈。

托尔斯泰不均匀的脉搏和短促的呼吸把大家的思虑集中到了一点：孩子个个因托尔斯泰的疾病折磨而虚弱，他们担心因情绪激动而消瘦的老年人的身体能否受得住这一场新的可怕的疾病呢？

除此以外进行的任何事情，谁也不感兴趣。也没有人去留意一件事：塔夫里省长收到从圣彼得堡来的命令，要他在托尔斯泰去世后，禁止安魂祈祷；而省长方面也下令莫斯科库尔斯铁路局，命令在来日运送托尔斯泰灵柩时，列车不得在各站停留。

谁也没有重视大主教安东尼写给托尔斯泰夫人的信件，信中要求她劝说托尔斯泰同教会和解。

当托尔斯泰知道后，只是说："'我从上帝那儿来，到上帝那儿去'，这便是我最终的祈祷。此刻教会最高会议感到不安了。"

尼古拉二世的叔叔亚历山大·米哈伊洛维奇亲王的庄园离托尔斯

泰所住的别墅不远，那时亚历山大·米哈伊洛维奇亲王的弟弟尼古拉·米哈伊洛维奇亲王从圣彼得堡来做客，听说托尔斯泰住在这里，便常来拜访托尔斯泰，两人谈得很投机。可能因此托尔斯泰便产生了给沙皇写封信请亲王转呈的想法。

1902年1月16日，托尔斯泰已经病得不能写字，他便口授，由别人笔录，给沙皇写了一封信，说：

俄国现在处于强化的警戒状态下，也就是说处于一种没有法律保护的状态。公开的警察和秘密的警察都在不断增加。监狱已经人满为患，除了因刑事犯罪而被关进监狱的刑事犯之外，另外又增加了政治犯，他们那些人是无辜的，他们只是不满意现在的社会现状，令人吃惊的是，现在工人也算作是政治犯了。

书报检查已荒谬至极，这种现象就是在19世纪40年代也没有如此严重。宗教迫害也没有像现在这么残酷而无人道。城市和工厂地区到处是镇压人民的军警。在某些地方甚至出现了同胞互相残杀的事件。

由于政府的这种残酷镇压结果，尽管国家预算在增长，也许正是这种快速增长的结果，使得农民一年比一年穷困，饥荒已成为正常现象。各个阶层对政府的不满并对它抱敌对态度，也成了很常见的现象。

专制制度是一种旧制的政体，它不适合俄国人民的需要，因为俄国人民不断在接受全世界的教育。因此，这种政体以及同它联系在一起的东正教只能依靠暴力手段来生存下去。这种暴力手段诸如强化警戒、宗教迫害、行政流放、歪曲教育、查禁书报等，都是非常残酷的，这些可以用来镇压人民，但不能很好地去管理人民。

后来，托尔斯泰的身体逐渐康复，有了食欲，他有时也到户外呼吸新鲜空气，晒晒太阳。他开始读书了，偶尔看一些报纸杂志，闲暇时间接见来访者。他也开始坐马车出去兜风了，从此回归了正常生活。

6 月 25 日，托尔斯泰全家离开了加斯普拉回雅斯纳亚·波良纳。在去塞瓦斯托波尔的轮船上，托尔斯泰结识了作家库普林。

在塞瓦斯托波尔，莫斯科－库尔斯克铁路局局长的专车在等着他们。归途的一些大站上又有一些人群在等着向托尔斯泰致敬。经过一路奔波，托尔斯泰平安地回到了雅斯纳亚·波良纳。

强烈的反战思想

1904 年 2 月 8 日，日军袭击驻旅顺口的俄国舰队。10 日，俄国对日宣战。日俄战争爆发。托尔斯泰受到很大震动，一连几天不能考虑或议论其他问题，过了一段时间，他的心情才平静下来。

托尔斯泰年轻时曾是一名军人，那时他自愿为炮兵第二十旅第四营的候补士官。这在他的《哥萨克》等作品中可以清楚了解到。他参加过克里米亚的战争，也参加过敢死队。《克里米亚战记》则是在枪林弹雨中诞生的。

在参加高加索的战役及克里米亚战争时，托尔斯泰就已经看清楚了战争的丑恶面目。在他看来，战争无非是一种惨无人道的行为，更是一件极残酷的事，所以在克里米亚战争结束后，他就辞去了军职。

托尔斯泰在 1853 年 6 月，也就在他 25 岁时，他清楚看到军官们酗酒后的情形，并记录在日记中，他写道："战争是很难形容的一件大坏事，喝酒是为了想抹掉因战争而造成的良心不安，我开始对战争产生了嫉恶如仇的心理。"

克里米亚战争经过激烈的大战后，双方达成停战协定，白旗高举着，双方士兵开始收拾战死者的尸骸，这时的场景让托尔斯泰不敢相信自己的眼睛。他看见俄国兵和法国兵互相微笑着，走到对方跟前时，都互相替对方点烟，互相拍拍手臂或肩膀，还亲切地谈笑着。于是，他扪心自问："为什么要战争呢？战争的目的是什么呢？"

"这些军人都是虔诚的基督徒，他们对自己的所作所为有何感想呢？站在给予他们生命，给予灵魂，让他不杀生，让他行善，让他在造物主面前，难道他们没有任何悔悟吗？"他在心中不断地思索着。

日俄战争发生时，托尔斯泰的心中已经燃烧起反对战争的怒焰。他认为战争是一种罪恶，是最丑陋的行径，它违反了戒律："勿残杀"，所以俄国向日本宣战时，托尔斯泰就极力反对。

美国费城《北美新闻》来电征询支持俄国还是支持日本时，托尔斯泰答道：

我既不支持俄国，也不支持日本，而是支持两国的工人，他们受了各自政府的欺骗，被迫去参加毁坏自己的幸福、违背自己的良心和宗教的战争。

日俄战争开始后，俄国皇帝就经常到各地发表演说，并发出呼声："亲爱的国民们，为了保护你的国教，为了保卫自己的国家，奉献你的生命吧！"

于是牧师不懂得"勿残杀"的戒律，开始祈祷战争的胜利。

政府控制的各报纸，大肆宣扬战争的情况，同时激发国民对日本人的敌对心。于是血气方刚的年轻人到处呼应着，逐渐加入到战争中，就连老百姓也在高喊："消灭日本鬼子！把他们赶出去！"

托尔斯泰不禁感叹着："这真是令人惊讶的事！"基督教禁止杀生，佛教也是如此；然而这些信仰"禁止杀生"的宗教国家，却让国民燃烧愤怒的焰火，从而互相残杀、互相冲突，这一切都是为了什么呢？

托尔斯泰憎恨战争，于是在英国伦敦《泰晤士报》上登了一篇《回心转意》的文章，阐明了反对战争的论调。

"请各位反省吧，将你们现在所做的工作停止下来，自己问问自己：我是什么人？从哪里来的？以及所做的事有什么目的呢？"

"人们如再不自我反省的话，则人类的生活将会陷入不幸的深渊中。这次战争结束时，如果人们仍不觉悟，则战争又会爆发。"

托尔斯泰在 6 月 2 日的日记中写道："战争和征兵使我很痛苦。"6 月 6 日又写道："被丢下的不幸的士兵妻子四处流离。我读着报纸，觉得仿佛这一切战斗和举行军旗命名式都是这样坚决，以致起来抵制也是徒劳无益的，而你一看到人民，看到士兵的妻子们，你就会懊悔，我写得太少了，写得太软弱无力了。"

7 月 10 日，托尔斯泰给沃尔科夫的信中写道："战争以其物质轮子碾上了你们家，我则是精神上受压抑。只要人还是个有理智的动物，那么，当他看到人们拼命地、高度紧张地完成不应当作的事情的时候，他准会毛骨悚然的。"

反对战争的托尔斯泰，因为看到报纸的报道而感到心神不宁，所以他不愿看报，其实是不忍心看报。但是听说俄国战败后，托尔斯泰就不知不觉地喃喃自语说："俄国军队打败仗了，心里真不是滋味。"

当托尔斯泰请求全世界人们反省的同时，他也在不断自我反省：我应该要求自己先做反省，我必须将利己主义丢弃，我要爱世界所有的人。

一天，有两位年轻女士来拜访托尔斯泰："我们想自愿到前线去，尽护士的义务，这种行为是不是对呢？"

托尔斯泰回答说："战争是杀人的行为，你们最好还是不要参加吧！"

少女们反驳说："可是战争中难免会有受伤的战士，我们为他们治伤难道不应该吗？"

于是托尔斯泰接着说："请你们说实话吧，你们是不是想为自己建立一些功劳呢？这太不应该了。如果你们真心实意要拯救那些人的话，你们可以到偏远的农村去，那里有许多贫穷而又困苦民众在等着你们的拯救呢，就请你们伸出爱心之手救救他们吧！

"然而你们却不愿意这样做，更没有热忱之心，那是为什么呢？是不是因为这种工作太平凡了，不能收到很大的影响，从而不愿意前往？"

当时，不仅在俄国有反战的人，在日本同样也有反战的人。登在《泰晤士报》上的那篇文章，已被转载到日本的《平民新闻》上，当托尔斯泰知道后，心里是无比喜悦。

于是，托尔斯泰给他的日本朋友安部矶雄写了一封信。

"收到你的来信，我更加确信在日本也有许多有理性、有道德、有宗教信仰的人，他们也反对战争，并认为那是罪恶。

"我对任何国家的战争都反对，所以非常庆幸有人与我站在同一战线上。"

在托尔斯泰的著作《天堂就在你的心中》这本书里，主要讲的是一个虔诚的基督徒对于教会所宣传的基督教义和基督精神进行自己的深思和反省，从基督的话中找到自己的理解。对于教会对人们的欺骗和对异教徒的迫害，他提出了批判。

书中说："我们所能知道的一切，只能是我们为了实现天国而应该做什么和不应做什么。我们所有人都知道。我们之中的每个人，只能从现在开始，做我们应该做的事情，而不再做哪些不该做的事情。我们只是需要，我们之中的每一个人都应按照我们的理解去生活，从而实现我们每个人所向往的，上帝承诺给我们的天国。"这些表述清楚地说明了他否定日俄战争的思想。

战争不但是现在以及将来都不需要，而且自古以来就被认为是不需要的；然而它时常爆发，把人类的发展历史给摧毁了，并侵犯人类的权益，更是阻碍人类的进步，因而任何一个国家都有人反对战争。

托尔斯泰在《人生之路》中说道："被刻在石头上的摩西十诫之一就是'汝勿残杀'，所指的对象不仅是人，还包括所有具有生命的物体在内。这句话在被刻在石头上之前，应该被刻在人类的心中了。"

《人生之路》堪称一位伟大文学家对人生、社会的最后总结。本书是阅读笔记、警句格言、寓言故事和思想札记等的集成。全书分为

31 章，每章探讨一个专门问题，包括"信仰"、"灵魂"、"上帝"、"爱"、"不平等"、"暴力"、"国家迷信"、"真"、"恶"、"死"、"幸福"等主题。作为一部语录体、格言体的大书，托尔斯泰尽可能把人类思想的精华吸收到这部书中。

托尔斯泰以 77 岁高龄还这么严格地剖析自己的思想，真是不能不令人佩服！假如世界上真有一个人"活到老改造到老"的话，那么，这个人就应是托尔斯泰！

这一年托尔斯泰失去了两个最亲密的朋友：3 月，他的堂姑亚历山德拉·安德烈耶夫娜去世了；8 月，哥哥塞尔盖去世了。

托尔斯泰在 1905 年至 1907 年俄国革命中，根据其不以暴力抗恶的主张，既反对革命者使用暴力对抗政府，也反对政府用暴力镇压革命者，并为此付出了巨大努力。

遗嘱带来的风暴

托尔斯泰在随后的几年里，不仅完成了许多创作，还为农民创办学校，这是他最后一次办学了。这时他已经 80 岁高龄了。

托尔斯泰的庄园雅斯纳亚·波良纳在 19 世纪末成了独特的文化中心。许多作家、艺术家、科学家和社会活动家从俄国和世界各个角落来到这里。20 世纪初，世界文学史上两位巨人——年迈的托尔斯泰和年轻的高尔基会见了，并留下了广为流传的照片。

托尔斯泰毕生的文学创作和社会活动得到了全世界进步人士的赞许和尊敬，当然，也引起了沙皇、教会和形形色色反动分子的咒骂和攻击，但他们却不敢公开镇压。俄国教会疯狂叫嚣要封住他的嘴，宣布对他"革除教籍"。但这一切不仅无损于伟大的艺术家托尔斯泰，反而加速了他作品的传播，越发赢得了各阶层人民的广泛同情和衷心爱戴。

同时，在 19 世纪 80 年代出现的托尔斯泰的追随者，所谓的托尔斯泰主义者，这时也像苍蝇一样密密麻麻地包围着他。他也深为自己的世界观与生活之间的矛盾而痛苦不堪。

尽管他早已放弃了庄园财产事务的处理权，开始了平民化的生活尝试，但他毕竟还置身在贵族生活的圈子里，农民还是毕恭毕敬地称他为"老爷"。特别是当他看到妻子在管理田产、森林所采取的措施和从出版他的作品中获取收益时，更使他焦躁不安。而他的妻子不仅在复杂的生活处境中苦苦地挣扎，同时也在他和那些形形色色的"弟子"的亲密交往中感到穷蹙、窒息。她匆忙且若有所失，几乎像被遗弃了一样。

1909 年 7 月初，托尔斯泰接到邀请，要他去斯德哥尔摩参加第十八届世界和平大会。托尔斯泰想去。他觉得，只有他才肯直言不讳地说出制止战争和普遍裁军的真理，人们肯听的也只有他的发言。他认为出席会议是自己的责任，但是他把出席大会的想法告诉夫人以后，夫人却大哭大叫，闹着要自杀，坚决不放他去。托尔斯泰只好放弃了这次旅行。

1893 年 11 月 5 日，索菲娅在日记中痛苦地写道："魔鬼已经抓住我所热爱的人了。但愿能保持我祷告的力量。"这个魔鬼便是契尔特柯夫。契尔特柯夫原是一名豪门望族出身的军官，年轻时生活放荡，成就不多，后来接受了托尔斯泰的学说，从事慈善事业，放弃了贵族生活的特权，成为托尔斯泰学说的忠实信徒。

索菲娅开始对他毫无戒心，可是不久，他就在托尔斯泰的生活中占据了特殊的重要地位，甚至把托尔斯泰最小的女儿萨莎也争夺过去了。索菲娅孤独得很，感到她的全部生活都被人夺走了。她的眼睛哭肿了，精神崩溃了。她变得越来越不能忍受。最后，围绕托尔斯泰的遗嘱，终于酿成大风暴。

托尔斯泰曾在 1895 年的日记中表达过由妻子和契尔特柯夫等人参加的处理他死后文稿的遗嘱性愿望，妻子索菲娅以为他会让自己参与其中。可是让索菲娅意想不到的是，丈夫托尔斯泰在契尔特柯夫影响下，制定正式遗嘱时，却把自己排除在外。遗嘱中只是很明确指定契尔特柯夫为自己一切作品的主编和出版人。

索菲娅想要对出版托尔斯泰著作的出版商起诉，但心里没有把握。恰好这年夏天托尔斯泰妹妹的小女儿列娜带着丈夫杰尼先科和两个孩子到雅斯纳亚·波良纳来做客。杰尼先科是法院院长，托尔斯泰夫人便问他过去那份出版和销售他的著作的旧委托书是否有效，杰尼先科回答说无效。

于是，索菲娅便对托尔斯泰大发雷霆，喊道："一家人都要讨饭去了，你却满不在乎。你想把一切著作的版权都交给契尔特柯夫，让子孙挨饿！"索菲娅一再要求把全部著作的版权都给她，托尔斯泰坚决不同意。他认为只有契尔特柯夫才是他的继承人，只有他才能让自己的"数十年的心血"发扬光大。

这让索菲娅很生气。她焦虑不安，生怕得不到 1881 年以后写的那些还没有出版的著作的版权。要是这样的话，她以后和孩子们的生活都会因为没有托尔斯泰的支持而变得穷困潦倒。

这时候，家庭中精神上的紧张气氛已经达到了无以复加的地步。托尔斯泰被妻子搅扰得日夜不得安宁。托尔斯泰夫人的所作所为已超出正常人的界限。她哭泣、喊叫，半夜闯进托尔斯泰的房间哭闹。她已失去理智，没有意识到她这样做丝毫没有作用，那只会让丈夫托尔斯泰更加讨厌她。她实际上是在扯断她跟丈夫联系的最后一根线，她这样的日夜不停地搅闹只是会加速丈夫的死亡。

托尔斯泰在 7 月 12 日的日记里写道："假如妻子知道并明白就是她一个人在扼杀我生命的最后几小时、几天、几个月就好了。"

契尔特柯夫没来雅斯纳亚·波良纳。托尔斯泰看到契尔特柯夫每次来都要引起索菲娅的大吵大闹，干脆不让他来。这样自己还能轻松一些。

托尔斯泰 8 月 2 日给契尔特柯夫写信说："整个这段时间我的生活过得很糟，心绪不好。没有爱，就没有快乐，没有生活，没有上帝。我这个人很糟，越来越想死，以前是每天晚上想，现在每天早晨也想，而且这使我感到高兴。"

1909 年 11 月 1 日，托尔斯泰在穆拉维约夫律师起草的新遗嘱上签了字，写明把全部版权交给长子谢尔盖、长女塔尼娅和小女儿萨莎，由他们转交社会共同享用。

然而，有一天早晨，托尔斯泰写了一份新的遗嘱，把版权交由萨莎一个人。没过多久，托尔斯泰便在离家几俄里远的一个树林里，坐在小树墩上亲手把遗嘱写好，跟 3 个证人一起在上面签了字。

后来他还对小女儿萨莎说："假如出版第一版著作剩下什么钱的话，最好能从你妈妈和哥哥那里把雅斯纳亚·波良纳庄园买回来交还给农民。"这时他依然像他信奉的上帝那样充满仁爱之心。

索菲娅已被遗嘱的事情搞得精神错乱，据说这是一种妇女精神病的谵妄症状，越闹越凶。她坚决要求托尔斯泰把日记从契尔特柯夫手里要回来，否则她就要不停地折磨自己，折磨别人。

夜里，她又到托尔斯泰房间里大闹，托尔斯泰被她折腾得一夜没睡，7 月 14 日凌晨托尔斯泰给她写了一封长信："现在的日记不给任何人，我要自己保管。过去的日记我要从契尔特柯夫那里取回来，由自己保存，大概要放到银行里。"托尔斯泰希望妻子能因为这样的话而变得稍微安静一些。

后来，塔尼娅和她丈夫帮忙把日记从契尔特柯夫那里拿回来，存放到银行里去了。但是家里依然没有平静下来。于是他们决定请著名的精神病专家罗索利莫和托尔斯泰家的朋友尼基京医生一同来看看。罗索利莫断定索菲娅是"一种变态的两重性体质，即偏执狂和歇斯底里症，而占优势的是前者"。他建议托尔斯泰与夫人分开住，多沐浴，多散步，要想办法多安慰索菲娅。而索菲娅则坚决声称没有病，不听医生的劝告。

随后几天，他们都在向托尔斯泰和萨莎要遗嘱。7 月 27 日，托尔斯泰在日记里就有这样的记载："情况没有得到好的转变，依然是老样子，但只是暂时的平静。安德烈走过来问：'有遗嘱吗？'我说，我不愿意回答。真叫人难过。我不相信他们所希望的只是金钱，这是很可怕的。"

这时比留科夫来家里做客，托尔斯泰就跟他谈了遗嘱的事。比留科夫说道："应把全家人都叫来，对他们说明自己的意见，然后再立遗嘱。"托尔斯泰也认识到不该秘密立遗嘱。因为秘密立下遗嘱，对于他的家人来说是很残酷的事实。他没有和家人商量就作出了立遗嘱的决定，这样会加深他和家人之间的矛盾。可是当他意识到这一点的时候已经有点晚了。因为此时他和妻子的关系已经紧张得不得了了。就连妻子的精神状况也越来越差。这让他的病更加严重了。

作家柯罗连科来探望病入膏肓的托尔斯泰，他的到访暂时缓和了托尔斯泰家里的紧张气氛。他很善于讲故事，晚上全家聚在大厅里，听他讲在俄国和美国旅游的故事，大家都听得津津有味。但是，很快暂时的平静又被打破了。他的妻子又开始为遗嘱的事情大吵大闹起来。

决定离家出走

1910 年 10 月 27 日这天，托尔斯泰整日都在读陀思妥耶夫斯基的长篇小说《卡拉玛佐夫兄弟》，他对陀思妥耶夫斯基怀有好感，特别是在这位作家去世之后，他常以阅读作家作品的形式来慰藉他们从未见过面的遗憾。

托尔斯泰一直看到了深夜零时半才回到卧室休息。迷迷糊糊地度过了两个多小时，托尔斯泰听到书房里有蹑手蹑脚的开门声和脚步声。他醒了过来，透过门缝，看见书房里有灯光，并听到索菲娅在那里"沙沙"地翻检纸张的声音。这种情况已经持续了几个晚上。他知道，这是索菲娅在寻找他的遗嘱，她非常想知道遗嘱的内容有没有自己处理托尔斯泰书稿的权限。索菲娅开始监视他的行为，防止他又会把家产给其他的人享用。托尔斯泰耐心地等了好一会儿，索菲娅终于小心翼翼地走了。

托尔斯泰感到无法遏止的厌恶、愤怒。他已经再也不能忍受索菲娅的"折磨"了，他本想再睡一会儿，但躺在床上翻来覆去近半个小时，还是没有睡着。头痛得厉害，于是托尔斯泰就点着蜡烛，坐了起来。

这时，索菲娅把门推开，走了进来，一面习惯性地向托尔斯泰问好，一面惊异于屋里的灯光。托尔斯泰一言不发。她待了一会儿，自觉无趣，因此转身离开了。

厌恶和愤怒的情绪越来越强烈地感染着托尔斯泰，他数了一下自己的脉搏，是 97 下/分钟。不能再躺了，与其这样被她折磨着，还不如离开家，离开那个被"魔鬼"附体的女人——索菲娅。他终于下了最后的决心——离家出走，并立即拿着手中的笔给索菲娅写了一封信，然后，轻轻地下楼敲开了私人医生杜尚·马科维茨基的门，他神情激动而坚决地对杜尚说：

我决定要走了。您跟我一起走吧！我先上楼，您随后就来，小心千万别惊动了索菲娅。我们不准备带很多东西，只带必须要用的物品就好了。3天后，萨莎会来找我们，把必要的东西给我们带来。

说完，托尔斯泰又去叫醒了小女儿萨莎："我马上就要走了，离开这儿，再也不回来了，你帮我收拾吧！"于是，大家开始在昏暗中行动起来，压低嗓门说话，尽量不弄出声音来，尽可能收拾一切必需的东西。

萨莎收拾手稿，杜尚准备必备的药品，女仆瓦丽娅准备衣物。托尔斯泰告诉女儿说："萨莎，你留在这里。过几天，等我最终决定到哪里去以后再写信给你。我最大的可能是到沙莫尔金诺修道院你姑姑玛丽亚·尼古拉耶夫娜那里。"

他们一直忙到了次日凌晨，此时正是黎明前最黑暗的一段时间，外面一片漆黑，还下着蒙蒙细雨。深秋的天气，凉气袭人。托尔斯泰在通往马房的小路上迷失了方向，走进小树林里，撞在树上，摔了一跤，把帽子也弄丢了。他好不容易回到屋里，又拿了另一顶帽子，打着手电筒，与杜尚一起到了马房。萨莎和瓦丽娅把路上用的东西吃力地往马房搬。托尔斯泰激动得浑身发抖，唯恐索菲娅发觉后大吵大闹，加以阻挠。终于，一切都准备就绪。托尔斯泰和杜尚上了车。

萨莎跳到马车踏板上吻了一下父亲，说："一路平安！"

"再见了，亲爱的，"托尔斯泰说，"我们很快会见面的。"

马车从屋旁经过，穿过了池塘边的苹果园。在光秃秃的树干中间闪烁着火把的亮光，火光越来越远，最后消失在通往村子的拐角处。

马车径直奔向谢金诺车站。

此时，索菲娅还在睡梦中。由于前一天晚上她睡得很晚，所以她一直睡到上午 11 时多才起床。而托尔斯泰离家出走的消息几乎已经传遍了全家，佣人们在交头接耳，交换着对伯爵出走和与伯爵夫人关系的看法。

索菲娅快步跑进餐厅。便问萨莎："爸爸在什么地方？"

"爸爸走了。"萨莎回答说。

索菲娅接着问道："那他到什么地方去了？"

"不知道。"萨莎说着，把爸爸留下的信给了她。

索菲娅迅速把信扫了一遍，信上写道：

我于 1910 年 10 月 28 日早上 4 时离家，想必会使你伤心，但我也非常痛苦。我除了这样做之外，已别无其他方法，请理解并相信我。

我在家里的处境，实在令我无法忍受了，除了离家外，真的没有其他办法。

除去其他原因外，现在我再也不能像过去那样过奢侈豪华的生活；我的做法跟我这种年龄的老人通常所做的一样，就是离开世俗生活，离群索居，在僻静的地方度过残年。

请理解我这一点，如果你打听到我的去向，也不要来找我。你来只会使你我的处境变得更糟，而且也绝不能改变我的决定。感谢你跟我忠实地生活了 48 年。

请宽恕我在你面前所犯的一切过错；我同样也真诚地原谅你在我面前可能有过的一切过错。我劝你要安于我出走给你造成的新处境，并且不要对我抱有恶感。

我诚恳地告诉你，由于我离家，你才能有新的生活，而对我也才会具有好感。

假使你有什么事要告诉我，那就请你告诉萨莎，她会知道我的地址的，并且会把必要的事转告我。我的地址，她是不会讲的，因为她答应过我不告诉任何人。

　　索菲娅看完信后，头和双手都在颤抖，她将信扔在地上，一边喊着："走了，彻底走了，永别了！萨莎！我投河去。"一边向外跑去。萨莎和布尔加科夫怕出意外，在她身后紧紧追赶。索菲娅跑到花园里的池塘边，真的纵身跳了下去，萨莎和布尔加科夫则紧跟着跳了进去，两人一起把索菲娅高高地举起来，交给跟着跑过来的仆人们。

　　这一整天他们都没有离开索菲娅。

　　除了老四米哈伊尔，大家都写信劝托尔斯泰回来。

　　夫人的信最扣人心弦。她写道：

　　亲爱的，回家来吧！你救救我，别让我第二次自杀吧！我终生的伴侣，你希望我做什么，我一定会做到，我将抛弃一切奢侈的东西，我们一起友好地对待你的朋友，我将去治病，我会温顺的。

　　所有的孩子都在这里，但是他们那种过于自信的武断是帮助不了我的。我需要的只有一种东西，那就是你的爱，我一定要见到你。

　　我的朋友，请允许我哪怕向你告别也行，哪怕让我最后一次对你说我是多么爱你也好。你唤我吧，或者你自己回来吧！请饶恕我，我一直在寻找你，呼唤你。我的心灵受到多么残酷的折磨啊！

　　家里人都猜到托尔斯泰是到妹妹的修道院去了。夫人让安德烈到沙莫尔金诺修道院劝托尔斯泰回来。

伟大作家与世长辞

　　到达谢金诺火车站，才知道距火车进站还有一个小时。在这段时间内，令托尔斯泰提心吊胆，好像预感妻子要从后面追来似的。

　　然而，她却没有追来，火车慢慢地驶进车站。

　　当托尔斯泰在车厢内坐定，火车开动以后，他才觉得自己安全了，索菲娅再也追不上他了，他高兴地对杜尚说，他觉得非常舒服。很快，托尔斯泰就睡着了，一个半小时后，杜尚叫醒了他，给他端来热气腾腾的咖啡，两人一起喝了。这时，托尔斯泰又挂念起在波良纳的索菲娅来，他担心妻子的生活，可怜她的处境。

　　托尔斯泰天真地认为自己的秘密出走不会有任何外界人士获知，但是，他错了，实际上警察密探从他离开雅斯纳亚·波良纳之时，就暗中紧紧地跟踪着他。这时新闻记者也追了上来。

　　可是托尔斯泰究竟到哪里去，他们谁都猜不透。因为他本人开始也没有确定的计划，他只想到南方租一幢农民的茅屋住下来，以求永远摆脱贵族的生活，在千千万万的农民中间度过自己的晚年。

　　途中在戈尔巴切沃转车，又经过一天的颠

簸，于晚上 8 时到了奥普季纳修道院。

托尔斯泰曾好几次来过这座修道院，他一直非常尊敬修道院的修道士米哈伊尔。

尽管托尔斯泰在神圣宗教会议上被东正教除名，但仍受到米哈伊尔的热烈欢迎，他让托尔斯泰住了一宿。

当晚 9 时托尔斯泰就躲进被窝里，但却睡不着，眼睛大大地睁着，于是干脆爬起来点上蜡烛，写着《有效的手段》，这是他最后一篇文章。

修道院那宁静幽雅的环境总是那样吸引着托尔斯泰。他和奥普季纳修道院的修士和修女聊天。他好几次走进隐修院的圣门，看来是想和长老们谈谈。"我自己不想去，"他对杜尚说，"要是他们叫我，我就去。"

第二天托尔斯泰就离开修道院。

"房租多少？"离去之前他问修道士。

"这里是修道院，随意好了。"修道士说。

"3 卢布好吗？"托尔斯泰想了一下说。

"够了。"

"请说实话，不会太少吧？"

托尔斯泰一边说一边拿出 3 卢布交给他，并在随缘簿上写了："谢谢款待。列夫·托尔斯泰。"临走时，有很多修道士欢送他。

托尔斯泰骑上马往妹妹玛丽亚所在的沙莫尔金诺修道院行去。到达修道院时，已是当天黄昏 6 时半左右。

外甥女丽莎恰巧也在那里做客，她们母女俩都理解并同情托尔斯泰，托尔斯泰感到欣慰和愉快。托尔斯泰已在附近农村租了一个住所，准备住下来。

10 月 29 日，谢尔盖延科送来契尔特柯夫给托尔斯泰的信，契尔特柯夫在信里对托尔斯泰的出走表示肯定和支持。

10 月 30 日，萨莎赶来，带来妈妈、哥哥、姐姐的信。得知夫人曾企图跳河，托尔斯泰难过得流下了眼泪，但他没有别的选择。考虑到妻子儿女随时都可能追来，托尔斯泰便决定离开这里，乘火车到南方去。他给夫人写了一封信，劝她好自为之，不要再找他。

信里说：

> 我们会面，特别是我回去，目前是不可能的。正如大家所说，这对你极其有害，对我则十分可怕。我劝你接受已经发生的一切，适应一时还不习惯的新处境，而主要的是就医。不要以为我出走是因为不爱你，我爱你，而且真诚地怜悯你，但我不能有别的选择。
>
> 亲爱的索菲娅，再见吧！愿上帝保佑你。生活毕竟不是儿戏，我们无权根据自己的意愿抛弃它。用时间的长度来衡量它也是不明智的。也许，我们这一生剩下的不多的日子比已经度过的那些岁月更为重要，应该好好地生活下去。

这时，妹妹玛丽亚突然过来拥抱托尔斯泰，因为她感觉托尔斯泰太虚弱了，太需要有人照顾了。

托尔斯泰在妹妹家吃了晚饭。

妹妹不安地问："哥哥，此后你打算到哪儿去？"

"还没决定。"托尔斯泰回答说。

确实是这样的。托尔斯泰想暂时到俄国各地去旅行一趟，待弄一张护照后就到匈牙利去，因为这个国家有许多尊敬托尔斯泰的人。

然而，想要办一张护照谈何容易。若是办不到的话，那就到风景秀丽、令人怀念的高加索去。

"高加索，那不是你曾经在独立营生活过的地方吗？"妹妹吃惊地说。

"是的，那是我当兵的地方，我对那美丽的山湖之畔非常向往，但这是 60 多年前的事情了。高加索是个美丽的地方，住着许多人情味非常浓厚的人们，想必现在也不会有多大改变吧！"

托尔斯泰和妹妹交谈时，又曾想到可以暂时住在妹妹的附近。

"在去往匈牙利之前，我觉得暂时住在这修道院附近，你认为如何？"托尔斯泰征询妹妹的意见。

"那我真是太高兴了！"妹妹脸上现出了笑容。

"明天我到附近找找看有没有空房出租。"

当晚托尔斯泰借着烛光，又给妻子写了一封信。

即使你不爱我，但至少也请不要憎恨我，你应该站在我的立场想一想，如果你能站在我的立场上想开了，那时你就不会责怪我了，而且说不定还会竭力帮助我，因为我已找到一条平静而真正像人一样生活的道路了。

托尔斯泰在这封信上以求道者的立场，一点一滴表露出他的心声。

第二天，托尔斯泰照着妹妹的指点，到附近寻找出租的房子，然而却一直找不到，于是回到修道院。

傍晚时，萨莎突然出现，告诉托尔斯泰说："妈妈说不定会从后面追来。"

"你妈没有看到我的信吗？"

"妈妈看到您的信后，已快成疯人了，妈妈又好几次跳塘自杀呢！"

"她想自杀？"

"嗯，不过又被抢救了。"

"真的？我对你母亲的狂言听腻了……就这样，你告诉你母亲有关我的行踪了吗?"

"不,我没有告诉她,可是妈妈派人到处打探您的消息,最后在谢金诺车站打听到一些消息,于是才想到这里的,因为姑母住在这里。"

"真的吗?"托尔斯泰感到了不安。

"既然这样,在还未被发现之前,您赶快离开这里吧,最好是明天就走。"萨莎很同情托尔斯泰。

10 月 31 日,凌晨 4 时,托尔斯泰给妹妹写了一封告别信,就匆匆出发了。他甚至没等找到第二辆马车,自己跟杜尚坐上找到的车先到科泽尔斯克车站去了。萨莎和瓦利娅找到另一辆马车后,坐车赶到车站。买好票,上了车,车就开了。

托尔斯泰决定先到新切尔卡斯克找杰尼先科先生;如果能弄到护照,就从那儿上保加利亚托尔斯泰侨民区去;要是弄不到护照,就到高加索去。

车厢里的人认出了托尔斯泰,转眼之间消息传遍了全列车。许多好奇的人赶来看他。列车员招待十分殷勤,他们把托尔斯泰安排在一个单独的包厢里,帮助萨莎给托尔斯泰煮燕麦粥,赶走那些好奇的人。

托尔斯泰浑身发冷,就喊萨莎过来。萨莎来给他盖上毛毯,并给他测量了体温。他正在发烧。

火车进站停车时,萨莎下车打来开水。杜尚说,给病人喝点带酒的茶也许会好些。但是,喝完了,托尔斯泰继续打寒战,体温又升高了。

萨莎和医生商量后,并征得托尔斯泰同意,他们决定不往前走了。于是,晚上 8 时左右,当火车开到阿斯塔波沃车站时,他们下了车。

下车后,杜尚请站长帮助找个住处。这里没有旅馆,站长劝他们住在他家里。

托尔斯泰穿过候车室时，人们聚拢过来，脱帽向他致敬，他吃力地把手举到帽檐回礼。

托尔斯泰刚被脱掉衣服安顿到床上，就昏迷过去，左半边脸和手脚抽搐起来。车站医生来给他打了强心针，他就睡着了，两个小时后恢复了知觉，决定休息一下，明天再继续往前走。

11月1日，托尔斯泰口授由萨莎执笔给谢尔盖和塔尼娅写了一封信。信里说：

> 我希望并且深信你们不会因为我没有叫你们来而责备我。如果我叫你们来，而不叫妈妈来，她会很伤心的，其他兄弟也如此。你们要好好理解我叫契尔特柯夫来的意思。他把毕生精力献给了我最后40年所从事的事业。这个事业不仅对我个人重要，我认为它对一切人，包括你们也都很重要。
>
> 再见了，你们要尽力劝慰妈妈，我对她怀有最真诚的怜悯和爱。

11月2日，托尔斯泰从早晨起体温慢慢升高，出现咳嗽现象。痰里有血，是肺炎。

当天下午5时，医生收到一封电报，说托尔斯泰夫人带两个儿子和医生等人将乘特快列车赶来。

11月3日，医生尼基京以及戈尔布诺夫和戈利坚维叶泽尔来了。托尔斯泰跟戈尔布诺夫谈小丛书《生活之路》的出版问题，谈了很长时间。

同一天，夫人和几个子女赶来了。医生跟大家商定，为了不使托尔斯泰激动，只允许长子谢尔盖和长女塔尼娅去看他。托尔斯泰见到两个孩子很高兴，一再询问夫人的情况，他担心他去世后人们会把夫人想得很坏，他含着眼泪说："我们本来可以把事情处理得更好一些。"

11月4日，托尔斯泰几乎失去了知觉。他时而说胡话，想向人们解释什么，时而静静地躺着不动。他说着胡话，很难弄明白他想说什么。

"探索，探索。"他忽然很坚定地说。

这天晚上，瓦利娅走进房间时，他忽然在枕头上稍稍抬起头，伸出手来，高兴地喊着："玛莎！玛莎！"他以为是二女儿进来了，其实他的二女儿玛莎在1906年就去世了。

11月6日，托尔斯泰对大家特别亲热。杜尚为他做了件什么事，他便说："亲爱的杜尚，亲爱的杜尚！"

在给托尔斯泰换床单时，萨莎把他的背部向上抬起一些，突然感觉他的一只手在寻找什么。萨莎以为他是想靠近自己，但他却握住了萨莎的手。这时，萨莎把嘴唇贴近了另一只手，强力忍住不哭出声来。

这一天，萨莎和塔尼娅坐在他身边。他猛然欠起身来，坐在床上。萨莎问他："要把枕头放好一些吗？"

"不是，"他的话坚定而明确，"不是，我只是劝你们记住一点：世界上除了托尔斯泰外，还有许多人，可你们只看到一个托尔斯泰。"

傍晚，他的病情加重，只好吸氧，注射药品后他平静了下来。对谢尔盖说："谢尔盖，我爱真理……非常……爱真理。"

11月7日，凌晨5时，托尔斯泰夫人被允许进去看失去知觉的丈夫。她极力控制着自己的感情，走进室内，静静地来到他床前，跪下来吻了他的手。并温存地请他原谅她对不起他的地方，得到的回答只是几声长叹。

1910年11月7日，6时5分，托尔斯泰与世长辞了，享年82岁。

列夫·托尔斯泰的死讯像闪电一样传遍世界各个国家，像惊雷一般震动了所有的追求进步的正直的人们。

"收到了电报，"高尔基在意大利写道，"电报中出现的是最寻常的字眼——他死了。这真是晴天霹雳，我痛苦懊恼得叫出声来。"

托尔斯泰的死讯不仅给年轻人，同时也给孩子们带来了痛苦。有一天高尔基收到了一封7岁的孩子尹柳莎写来的激动人心的信。"俄国的所有作家都死了。"她要求高尔基写童话并且给她寄去。

高尔基给尹柳莎写了一封热情洋溢的信。"是的。"他写道，"托尔斯泰作为一个人——死了，但是作为伟大的作家——活着，他——永远和我们在一起。等过了若干年之后，当你稍稍长大一点，能够开始自己读托尔斯泰的美好的作品的时候，你，亲爱的孩子，就会带着巨大的欢欣，感觉出来，托尔斯泰——是不会死的，他——和你在一起，瞧——他会用他的作品给你带来愉快的时光。"

这些话语给孩子的心带来多么大的温暖和安慰啊！这里面又饱含着多少他对托尔斯泰的热爱和尊敬！值得注意的是，7岁的尹柳莎之所以写信给高尔基，好像是她已经看出来高尔基是托尔斯泰的继承人。而高尔基也确实成为了继托尔斯泰之后的又一俄国的文学大师。

1910年11月9日清晨，托尔斯泰的灵柩运抵扎谢克车站。尽管政府阻挠，仍有数万群众来为他送葬。

当天下午，遵照托尔斯泰遗嘱，他的遗体被安葬在雅斯纳亚·波良纳的扎卡斯峡谷旁那个藏有小绿棒的地方。

托尔斯泰的墓前，没有墓志铭，没有十字架，但他在人民心目中，欧洲19世纪文学之巅铸就的纪念碑却永垂不朽！

俄国伟大的革命家列宁也非常喜欢托尔斯泰的作品，他对托尔斯泰的评价很高。他认为托尔斯泰是天才的作家，他说："这位作家用他自己一系列的最优秀的作品，使自己进入全世界伟大的作家的行列。"列宁认为托尔斯泰"使全人类的艺术发展向前迈进了一步"。

1920 年春天，列宁签署了《关于把托尔斯泰的在莫斯科的住宅收归国有以便使它变成一座陈列馆》的命令。后来根据列宁的指示，出版了 90 卷的《托尔斯泰全集》。这期间差不多经历了 30 多年。因为许多作品都是和托尔斯泰的手稿进行校对和整理的。

列宁还写了 7 篇关于托尔斯泰的文章，他认为托尔斯泰的作品是有世界意义的。因为他的作品反映了第一次俄国革命准备时期的社会面貌，反映了现实中那些病态的东西。他对统治阶级的纵欲无度和人民群众的贫困化作出了深刻的对比。

世界各国的作家都给予了托尔斯泰极高的评价。英国最优秀的小说家约翰·高尔斯华绥认为："托尔斯泰最主要的特点，在于他的绝对真诚，在于他敢于揭露被他认为是现实中最真实的东西。"

我国著名作家老舍也曾说过："托尔斯泰影响了所有新文学的代表……所有的人都想掌握他的广度和深度。"

列夫·尼古拉耶维奇·托尔斯泰在世界人民心中永垂不朽！

附　录

一个人必须把他的全部力量用于努力改善自身，而不能把他的力量浪费在任何别的事情上。

—— 托尔斯泰

经典故事

青年拜访

一天，一位法国青年去拜访托尔斯泰。

他们两人一同散步闲聊，刚好旁边有副单杠。那位青年迅速跑过去，一跃而起，抓住单杠，做了十多个动作，很自豪地说："伯爵，这门艺术，您大概不是内行吧？"

托尔斯泰没有回答，只笑了笑。

"文人不会武，这是强求不来的。"法国青年似乎觉得自己的话有些严重，怕托尔斯泰生气，连忙为他解脱。

托尔斯泰看了看那位青年，走到单杠下面，轻轻一跃，双手抓住单杠，两腿挺直朝前一冲，往后一摆，在单杠上面连续绕了几圈，随后又做了几个难度比较大的动作。托尔斯泰在上面就如同一只小燕子，轻巧自如。

法国青年看得目瞪口呆，他吐出的舌头，半天都没缩回去。他哪里知道，体育活动是伯爵最大的爱好。

托尔斯泰对体育活动非常热爱，他不但喜欢玩单杠，还喜欢打猎、骑马、滑冰、游泳、划船等运动。除了体育，他还爱参加劳动。画家列宾就看到过托尔斯泰在烈日下整天在田地里忙碌着。他主动帮穷人建房子、砌炉灶、割草，即便到了花甲之年，还坚持自己打水、劈柴，和农民一起锯木头。

托尔斯泰做了这些动作后，感觉有些累了，便从单杠上跳下来。

这时，法国青年心悦诚服地说："伯爵，您单杠上的动作也是真正的艺术。"

托尔斯泰没有吭声，只是淡淡地笑笑。

❧ 热心助人 ❧

有一次，托尔斯泰在河边钓鱼，一个小孩走过去看他钓鱼，托尔斯泰技巧纯熟，没多久就钓了满篓的鱼，托尔斯泰见小孩很可爱，要把整篓的鱼送给他，小孩摇摇头，托尔斯泰惊异地问道："你为何不要？"

小孩回答："我想要你手中的钓竿。"

托尔斯泰问："你要钓竿做什么？"

小孩说："这篓鱼没多久就吃完了，要是我有钓竿，我就可以自己钓，一辈子也吃不完。"

读者一定会说：好聪明的小孩。错了，他如果只要钓竿，那他一条鱼也吃不到。因为，他不懂钓鱼的技巧，光有鱼竿是没用的。钓鱼重要的不在钓竿，而在钓技。

有太多人认为自己拥有了人生道路上的钓竿，就再也无惧路上的风雨，如此，难免会跌倒于泥泞地上。

❧ 农夫 ❧

平时托尔斯泰总是穿着那件宽大的上衣，冬天出门时穿一件皮袄。他这样打扮为的是跟普通人更容易接近，使大家在跟他交往时感到彼此之间差不多。但有时候由于他的这身打扮也发生过一些误会，譬如就有过这样一件事。

有一次上演《教育的果实》这出戏，托尔斯泰的长女塔尼娅·

苏霍津娜·托尔斯塔娅在剧里担任一个角色。

有一次在排练的时候，看门人告诉塔尼娅，有一个人非要进来不可。

"是一个老农夫，"他说，"我对他说了，这儿不能进，可他偏不听。我想，他一定是喝多了，告诉他这儿不是他来的地方，可是怎么跟他说也说不通。"

塔尼娅猜到这个农夫是谁了。她吩咐看门人立刻放这个农夫进来。

几分钟之后，塔尼娅看见父亲进来了。托尔斯泰笑着说："因为衣服的关系，差点进不了这个门了。"

塔尼娅与演员们都笑了。

∽ 乏味的艺术 ∾

如果一幅画、一出戏、一本书将所有的细节都表现出来，通常会使人感到非常乏味的。

反之，如果作者只表现出作品的主要方面，把余下的部分留给观众或读者去想象，这样他们就会觉得自己是在跟作者一起进行创造。

"要在艺术里得到真金，"托尔斯泰说，"必须收集大量材料，然后再用批评的筛子加以筛选。"

托尔斯泰非常喜欢援引一句法国话："请原谅我写得太长，我实在没时间写得短一些。"

众所周知，莎士比亚那个时代谁也不会去制作富丽堂皇的布景。只需在一根柱子上标明该"布景"意味着什么就够了。谁能说当时这样做就影响了观众对剧目的欣赏，而不如按时代环境的要求，将当时所需用的每一件道具全搬上舞台更好呢！

托尔斯泰举出两种描写的例子：一种不好的，一种好的。

　　他从一部法国长篇小说中找出几页描写烤鹅气味的段落。

　　"当然，"托尔斯泰说，"直到最后一页，鼻子里老闻到一股烤鹅的气味，但这是创造印象的真正方法吗？还记得荷马是怎样描写海伦的美丽的吗？'海伦走了进来，她的美丽使老人们肃然起敬。'普普通通的一句话，但您从中可以看到，老人们在这种美的魅力面前也不禁肃然起敬。用不着去描写她的眼睛、嘴巴、头发等。每个人都会用自己的方法去想象海伦的形象。但是每个人都感受着这种连老人们也不禁为之肃然起敬的美的力量。"

　　最后，托尔斯泰援引了伏尔泰的一句话："乏味的艺术——就是把话说尽。"

年　谱

1828 年 8 月 27 日，托尔斯泰出生于俄国的图拉省的雅斯纳亚·波良纳庄园。

1830 年 8 月 7 日，托尔斯泰的母亲玛丽娅·尼古拉耶芙娜去世。

1837 年 1 月 10 日，托尔斯泰全家从雅斯纳亚·波良纳庄园迁往莫斯科。6 月 21 日他的父亲尼古拉·伊里奇去世。

1844 年 9 月 20 日，托尔斯泰考入喀山大学东方语言系。

1845 年 9 月 13 日，托尔斯泰转入喀山大学法律系学习。

1847 年 4 月，托尔斯泰因为成绩不好退学，回到雅斯纳亚·波良纳，并在自己的领地上进行改革农奴制的尝试。

1849 年 4 月，托尔斯泰曾到圣彼得堡应法学候补博士考试，只考了两门课就突然回家。秋天为农民子弟兴办学校。11 月起名义上在图拉省行政管理局任职。

1851 年 4 月，随同长兄尼古拉赴高加索，以志愿兵身份参加袭击山民的战役。12 月他被提升为十四品文官。

1852 年 1 月，正式入伍成为炮兵下士。

中篇小说《童年》发表在《现代人》杂志。

1854 年 3 月，托尔斯泰加入多瑙河部队。4 月《少年》完稿。

1856 年，托尔斯泰的三哥德米特里病逝。写小说《暴风雪》。

1857 年 1 月 29 日，第一次出国游历。写短篇小说《琉森》。

1859 年 11 月，为农民子弟创办学校。

1860—1861 年，为考察欧洲教育，托尔斯泰再度出国，结识赫尔岑，听狄更斯演讲，会见普鲁东。

1862 年 9 月 23 日，与索菲娅结婚。

1863—1869 年，创作了长篇历史小说《战争与和平》。

1870 年 2 月 24 日，与夫人谈小说《安娜·卡列尼娜》构思。

1871 年 8 月，结识哲学家斯特拉霍夫，成为终生密友。

1873 年 3 月 18 日，开始写作《安娜·卡列尼娜》。

1873—1877 年，完成第二部巨著《安娜·卡列尼娜》。

1878 年 1 月，《安娜·卡列尼娜》单行本出版。

1879—1882 年，托尔斯泰写成《忏悔录》。

1883 年秋，结识契尔特柯夫。

1886 年，创作剧本《黑暗的势力》、《伊凡·伊里奇之死》。

1889 年 12 月，开始写作《复活》。

1891 年 4 月，把财产分给妻子儿女。9 月开始救济图拉等三省灾民。

1893 年，赈灾活动结束。

1898 年，继续写作《复活》。

1899 年，长篇小说《复活》完稿。

1900 年，当选俄国科学院文学部名誉院士。

1901 年，被开除教籍，引起风波。

1903 年 1 月，开始写《回忆录》，完成短篇小说《舞会之后》。

1910 年 11 月 7 日，病逝，享年 82 岁。

名　言

● 心灵纯洁的人，生活充满甜蜜和喜悦。

● 应该多行善事，为了做一个幸福的人。

● 勇气是智慧和一定程度教养的必然结果。

● 人的幸福存在于生活之中，生活存在于劳动之中。

● 每个人的心灵深处都有着只有他自己理解的东西。

● 不应是为了自己的需要，而应是为了真理而活着。

● 人生的价值，并不是用时间，而是用深度去衡量的。

● 一切使人团结的是善与美，一切使人分裂的是恶与丑。

● 哪里没有朴素、善良和真理，哪里也就谈不上有伟大。

● 认识真理的主要障碍不是谬误，而是似是而非的真理。

● 一个有良知而纯洁的人，觉得人生是一件甜美而快乐的事。

● 竭力履行你的义务，你应该就会知道，你到底有多大价值。

● 人生的一切变化，一切魅力，一切美都是由光明和阴影构成的。

● 正确的道路是这样：吸取你的前辈所做的一切，然后再往前走。

● 被人爱和爱别人是同样的幸福，而且一旦得到它，就够受用一辈子。

● 爱和善就是真实和幸福，而且是世界上真实存在和唯一可能的幸福。

● 所谓人生，是一刻也不停地变化着的。就是肉体生命的衰弱和灵魂生命的强大、扩大。

● 身边永远要带着铅笔和笔记本，读书和谈话时碰到的一切美妙的地方和话语都把它记下来。

● 不知道并不可怕和有害，任何人都不可能什么都知道，可怕的和有害的是不知道而假装知道。

● 个人离开社会不可能得到幸福，正如植物离开土地而被扔到荒漠不可能生存一样。

● 聪明人的特点有三：一是劝别人做的事自己去做；二是决不去做违背自然界的事；三是容忍周围人们的弱点。

图书在版编目(CIP)数据

托尔斯泰 / 刘亚超编著. —北京:中国社会出版社,2012.6

(世界名人非常之路)

ISBN 978-7-5087-4071-3

Ⅰ. ①托… Ⅱ. ①刘… Ⅲ. ①托尔斯泰,L. N. (1828~1910)-生平事迹 Ⅳ.
①K835.125.6

中国版本图书馆 CIP 数据核字(2012)第 105615 号

书　　　名:托尔斯泰

编　著　者:刘亚超

策　　　划:侯　钰

责任编辑:侯　钰

出版发行:中国社会出版社　邮政编码:100032

通联方式:北京市西城区二龙路甲 33 号

编　辑　部:(010)66080360

邮　购　部:(010)66060275

销　售　部:(010)66080360　传真:(010)66051713

　　　　　　(010)66080300　传真:(010)66080880

网　　　址:www.shcbs.com.cn

经　　　销:各地新华书店

印刷装订:中国电影出版社印刷厂

开　　　本:170mm×240mm 1/16

印　　　张:13

字　　　数:200 千字

版　　　次:2012 年 7 月第 1 版

印　　　次:2013 年 3 月第 2 次印刷

定　　　价:26.00 元